高职高专财务会计类专业精品规划教材

基础会计模拟实训

(第二版)

施海丽　常化滨　聂　旺 ■ 主　编
盘洋华　刘　蓉　金钱琴 ■ 副主编

清华大学出版社
北　京

内 容 简 介

本教材是《基础会计》的配套辅助教材。本教材包括三个单元：第一单元是基础会计模拟实训设计；第二单元是基础会计单项模拟实训；第三单元是基础会计综合模拟实训。基础会计单项实训是在讲授理论知识的同时随堂进行，实现"教、学、做"合一的目的。通过实训，使学生将所学各部分理论知识及时应用，有利于对各部分理论知识的理解和掌握，达到事半功倍的效果。基础会计综合模拟实训是在基础会计理论知识讲完的基础上进行的，通过实训，使学生系统掌握加工制造业1个月从建账、审核原始凭证到编制会计报表的一套完整的操作内容，提高学生的动手操作能力，使所学的基础会计理论知识得到进一步的巩固，为学生参加会计从业资格考试、财务会计学习，以及将来从事会计工作打下良好的基础。

本教材可供高职高专会计及相关专业教学使用，也可供在职人员业务学习或参考使用。

图书在版编目(CIP)数据

基础会计模拟实训/施海丽，常化滨，聂旺主编．--2版．--北京：清华大学出版社，2016(2019.1重印)
高职高专财务会计类专业精品规划教材
ISBN 978-7-302-42618-9

Ⅰ．①基… Ⅱ．①施…②常…③聂… Ⅲ．①会计学－高等职业教育－教材 Ⅳ．①F230

中国版本图书馆CIP数据核字(2016)第005277号

责任编辑：左卫霞
封面设计：于晓丽
责任校对：刘 静
责任印制：杨 艳

出版发行：清华大学出版社
网 址：http：//www.tup.com.cn，http：//www.wqbook.com
地 址：北京清华大学学研大厦A座 **邮 编**：100084
社 总 机：010-62770175 **邮 购**：010-62786544
投稿与读者服务：010-62776969，c-service@tup.tsinghua.edu.cn
质量反馈：010-62772015，zhiliang@tup.tsinghua.edu.cn
课件下载：http：//www.tup.com.cn，010-62770175-4278
印 装 者：北京嘉实印刷有限公司
经 销：全国新华书店
开 本：185mm×260mm **印 张**：13.75 **字 数**：192千字
版 次：2013年8月第1版 2016年8月第2版 **印 次**：2019年1月第3次印刷
定 价：38.00元

产品编号：067556-02

第二版前言

FOREWORD

《基础会计模拟实训》自 2013 年 8 月出版以来，承蒙广大师生的厚爱，在三年的使用过程中师生们提出了许多宝贵的修订建议。近年来，随着国家经济形势的发展，会计政策和税收政策在不断地变化，为适应这些情况，并结合使用教材学校反馈意见，对原教材进行修订。

第二版的《基础会计模拟实训》在第一版的基础上作了如下修改。

(1) 凭证更加完善。随着"营改增"政策于 2016 年 5 月 1 日全面推开，发票也进行了相应的变动，本次修订将第一版中的相关发票全部进行了更新；结算票据背面增加了相应的内容，票据更具真实性；第一版中部分省略的原始凭证一一给出，教材提供的资料更加齐全。

(2) 难度稍微提高。第一版教材第三单元自制原始凭证是直接给出，再版中部分自制原始凭证需学生自己填制，这可使学生清楚自制原始凭证上数字的来源及填制方法。

(3) 资源逐渐丰富。为方便教师教学和学生学习，教学资源增加了教学课件和部分技能操作点的教学视频，如报表的编制、记账凭证的填制、建账、对账、结账、记账凭证的装订等操作要点配有视频资源。

(4) 印刷方式改变。第一版教材采用单色印刷，第二版采用套红印刷，这样凭证式样更接近于实际。

本次教材修订由丽水职业技术学院施海丽、包头职业技术学院常化滨和河北旅游职业学院聂旺担任主编，广西职业技术学院盘洋华、重庆工业职业技术学院刘蓉和包头职业技术学院金钱琴担任副主编，全书由施海丽负责总纂、定稿，由中央财经大学祁怀锦教授负责主审。

本教材配有参考答案、教学课件和部分技能操作点的教学视频等教学资源，有需要的读者可发邮件至 826103382@qq.com 索取，邮件中请说明您所在学校名称及您的姓名。由于水平有限，书中难免有疏漏和不当之处，敬请读者批评指正。在使用过程中有何意见和建议请发邮件至同样邮箱与主编联系，我们将进一步修改完善。

本教材修订过程中参考了不少专著和教材，得到了有关专家、领导、同事及清华大学出版社的大力支持，在此表示感谢！

编　者

2016 年 6 月

第一版前言

FOREWORD

《基础会计模拟实训》是《基础会计》的配套辅助教材。编写本书的目的是贯彻落实教育部《关于推进高等职业教育改革创新引领职业教育科学发展的若干意见》(教职成[2011]12号)，体现“教、学、做”一体化的思想，提高学生的动手操作能力，使所学的基础会计理论知识与实际操作有机结合，为学生参加会计从业资格考试、财务会计学习以及将来从事会计工作打下良好的基础。

本教材的内容包括三个单元：第一单元是基础会计模拟实训设计；第二单元是基础会计单项模拟实训；第三单元是基础会计综合模拟实训。基础会计单项模拟实训是在讲授理论知识的同时随堂进行，实现“教、学、做”合一的目的。通过实训，使学生将所学各部分理论知识及时应用，有利于各部分理论知识的理解和掌握，达到事半功倍的效果。基础会计综合模拟实训是在基础会计理论知识讲完的基础上进行，通过实训，使学生系统掌握加工制造业1个月从建账、审核原始凭证到编制会计报表的一套完整操作内容，系统掌握会计的账务处理程序，提高学生的动手操作能力。

本书的特色是：教学内容丰富，案例选取典型、齐全；内容安排恰当，充分考虑学生的实际情况和认知规律。第二单元是基础会计单项模拟实训，将基础会计的可操作点分解为14个实训，分别进行有针对性的操作。第三单元是基础会计综合模拟实训，选取1个月的经济业务对单项实训的内容再进行系统操作；凭证资料新颖，银行结算凭证、发票全部按最新版仿真，让学生体会真实操作。

本书由施海丽、常化滨担任主编，刘蓉、盘洋华担任副主编，参编人员具体分工如下：丽水职业技术学院施海丽编写第一单元和第三单元，广西职业技术学院盘洋华编写第二单元的实训一至实训三、实训十三和实训十四，重庆工业职业技术学院刘蓉编写第二单元的实训四至实训七，包头职业技术学院常化滨编写第二单元的实训八至实训十一，包头职业技术学院金钱琴编写第二单元的实训十二。全书由施海丽负责总纂、定稿，由中央财经大学祁怀锦教授负责主审。

本教材是多所高职高专院校倾力合作与智慧的结晶，尽管我们做了许多努力，但由于时间匆忙、水平有限，书中难免有疏漏和不当之处，敬请读者批评指正，在使用过程中有何意见和建议请发邮件至邮箱 826103382@qq.com 与主编联系，我们将进一步修改完善。如需要实训答案请发邮件至同样的邮箱索取。

编　者

2013年4月

目　录

CONTENTS

第一单元　基础会计模拟实训设计

一、实训目的

“基础会计模拟实训”是高职院校会计专业的一门必修课程，包括基础会计单项模拟实训和基础会计综合模拟实训两部分。基础会计单项模拟实训是在讲授理论知识的同时随堂进行，实现“教、学、做”合一，通过实训，使同学们将所学各部分理论知识及时应用，有利于各部分理论知识的理解和掌握，达到事半功倍的效果。基础会计综合模拟实训是在单项模拟实训做完的基础上进行的，通过实训，使同学们系统掌握加工制造业 1 个月从建账、审核原始凭证到编制会计报表、装订账证表的一套完整操作内容，提高同学们的动手操作能力，使所学的基础会计理论知识得到升华，为同学们参加会计从业资格考试、财务会计学习以及将来从事会计工作打下良好的基础。

二、实训内容

基础会计模拟实训由基础会计单项模拟实训和基础会计综合模拟实训组成，具体包括以下内容。

（一）基础会计单项模拟实训

实训一　阿拉伯数字的书写
实训二　汉字大写数字与大写日期的书写
实训三　大小写金额的书写
实训四　原始凭证的填制与审核
实训五　专用记账凭证的填制与审核
实训六　通用记账凭证的填制与审核
实训七　科目汇总表的编制
实训八　账簿的启用与建立
实训九　日记账、明细分类账和总分类账的登记
实训十　对账、错账更正与结账
实训十一　银行存款余额调节表的编制
实训十二　会计报表的编制

实训十三　会计凭证的整理与装订

实训十四　账簿、报表的整理与装订

（二）基础会计综合模拟实训

实训一　科目汇总表账务处理程序实训

实训二　记账凭证账务处理程序实训

三、实训步骤

（一）实训准备

实训准备包括实训场所、实训设备、实训资料及实训指导教师配备。

1. 实训场所

基础会计模拟实训一般在会计手工实训室进行。

2. 实训设备

（1）办公桌椅。每位学生1套。

（2）多媒体教学设备。主要包括指导教师用计算机1台、投影仪1台、打印机1台。

（3）印章。每人1套，包括模拟企业的公章、财务专用章、发票专用章、现金收讫章、现金付讫章、法人章、实训学生的个人名章。

（4）会计办公用品。每人1套，实训室应配备的办公用品主要包括笔筒、双色印盒、直尺、复写纸、口取纸、胶水、大头针、曲别针、会计科目章、夹子、小刀；学生自备的办公用品主要包括计算器，算盘，记账专用红、蓝黑笔。

（5）装订机。手动和电动装订机各2台。

3. 实训资料

（1）基础会计理论课教材、基础会计模拟实训教材。

（2）空白的证、账、表（不含机动数，实际发放时可适当多些）。

① 记账凭证。每人收款凭证2张、付款凭证4张、转账凭证5张、通用记账凭证82张、凭证封面2张、凭证包角纸2张和科目汇总表6张。

② 会计账簿。每人总分类账1本（50页）、现金日记账2张、银行存款日记账3张、数量金额式明细账7张、三栏式明细账44张、多栏式收入和费用类明细账12张、多栏式制造费用明细账1张、多栏式生产成本明细账4张、应交增值税明细账2张、账簿装订用封面2张。

③ 会计报表。每人资产负债表2张、利润表2张。

4. 实训指导教师配备

良好的开端是成功的一半，基础会计模拟实训很关键，为使基础会计模拟实训得以顺利进行，最好配备专职和兼职指导教师各一名。指导教师不仅应具有丰富的会计理论知识，而且应具有熟练的操作经验，在组织和指导学生进行模拟实训的全过程中，既要引导学生回顾

“基础会计”中讲授的相关理论知识，还要指导学生模拟实训的操作程序和操作方法，解答学生在操作过程中出现的各种各样的问题，对学生进行实训考核。

（二）操作程序

（1）基础会计单项模拟实训随堂进行，做完后进行整理、装订。

（2）熟悉基础会计综合模拟实训企业的基本情况。

（3）建账，建完后进行对账。

（4）审核原始凭证，填制部分原始凭证。

（5）编制记账凭证。

（6）登记日记账、明细账。

（7）编制科目汇总表。

（8）登记总分类账。

（9）对账、结账。

（10）编制会计报表。

（11）整理并装订基础会计综合模拟实训资料账、证、表。

（12）写实训心得。

（三）上交实训资料

上交装订好的基础会计单项模拟实训资料、基础会计综合模拟实训和实训心得。

（四）进行实训考核

建议采用“过程＋结果”的考核方法对学生的实训情况进行考核。

四、实训时间安排

基础会计模拟实训包括基础会计单项模拟实训和基础会计综合模拟实训两部分内容。单项实训在讲授理论课内容时穿插在其中进行，实现“教、学、做”合一；综合实训参考课时30学时，建议安排在大一第一学期基础会计理论课讲授结束后或大一第二个学期初进行集中一周的实训。

五、实训考核方法

实训考核方法的设置应实现以考促学的目的，它将随着学生情况的变化及教学的需要不断完善。本实训建议采用“过程＋结果”的考核成绩对学生的实训情况进行考核。考核成绩采用百分制，也可折合成五级制，具体考核参考标准如表1-1所示。

表 1-1　　　　　　　　　　　　　　　“过程＋结果”的考核参考标准

<table>
<tr><td rowspan="2">姓　名</td><td colspan="4">过程考核(60％)</td><td colspan="3">结果考核(40％)</td><td rowspan="2">合计
(100％)</td></tr>
<tr><td>出勤与学习态度(5％)</td><td>中期检查(10％)</td><td>答辩(45％)</td><td>小计(60％)</td><td>手工操作(35％)</td><td>实训心得(5％)</td><td>小计(40％)</td></tr>
<tr><td></td><td></td><td></td><td></td><td></td><td></td><td></td><td></td><td></td></tr>
</table>

过程考核中的出勤与学习态度是对学生将来作为一名会计应具备的基本素养的培养与考核，培养学生的劳动能力和敬业精神，为将来就业打基础。中期检查作用有二：一是检查学生是否按进度完成，督促学生及时完成工作任务；二是检查并指出每一位学生操作中的不规范之处，使其及时改正，同时解答学生的疑问，有利于更好地完成后面的实训。答辩是采用学生和指导老师共同出题的方式将学生实训的内容出成约 50 道题目，利用抽签的方式抽出其中 3～4 题进行一对一的回答，按其正确程度给分，这是对学生实训结果真实性(过程)的考核，避免只采用结果确定成绩可能带来的抄袭现象，同时培养学生的语言表达能力和逻辑思维能力，提高学生的综合素质。

结果考核包括手工操作上交的单项实训资料、综合实训资料和实训心得。单项实训资料占 10％，综合实训资料占 25％，两部分内容单独装订；实训心得占 5％，是实训结束后，学生通过对实训的回忆和总结，将自己的得失体会以及对实训的建议以书面的形式表达。

“过程＋结果”的会计实训考核法经过了多年的实践检验，是相对完善的，是较公平的，这种考核法能调动学生的学习积极性，激发学生的学习兴趣。但是，教师的工作量很大。

第二单元　基础会计单项模拟实训

实训一　阿拉伯数字的书写

一、实训目的

通过实训，使同学们熟练掌握阿拉伯数字的标准写法，做到书写清晰、流畅和规范。

二、实训准备

阿拉伯数字书写用纸，资料中有准备，课下可再找些练习用。

三、实训资料及要求

按标准书写阿拉伯数字，0～9 十个阿拉伯数字反复书写 30 遍，且符合标准。要求财会专业达到三级标准，非财会专业达到四级标准。一级 2.5 分钟内完成；二级 3 分钟内完成；三级 3.5 分钟内完成；四级 4 分钟内完成。试试看你达到了几级？

1. 阿拉伯数字书写标准

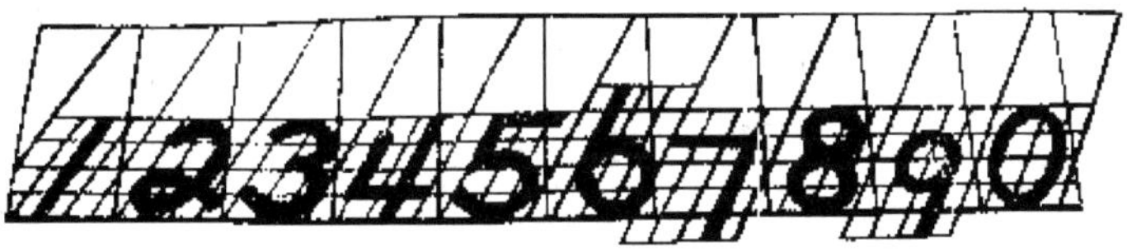

2. 阿拉伯数字书写练习用纸

实训二　汉字大写数字与大写日期的书写

一、实训目的

通过实训，使同学们掌握汉字大写数字与大写日期的标准写法，做到书写规范、流畅。

二、实训准备

书写练习用纸，资料中已有。

三、实训资料及要求

（1）对照表 2-1 中的文字分别用楷体和行楷练习中文大写数字的书写。

表 2-1　　中文大写数字书写练习

零				万				零				万			
壹				亿				壹				亿			
贰				元				贰				元			
叁				角				叁				角			
肆				分				肆				分			
伍				整				伍				整			
陆				肆				陆				贰			
柒				陆				柒				叁			
捌				贰				捌				肆			
玖				叁				玖				柒			
拾				仟				拾				捌			
佰				玖				佰				仟			

续表

叁				万				叁				玖			
柒				贰				柒				贰			
玖				陆				贰				叁			

(2) 指出表 2-2 中各大写数字及数位词在书写上的正确与错误(认为正确的在下面方格内打“√”,错误的在下面方格内写上正确的)。

表 2-2　　大写数字及数位词练习

1	2	3	4	5	6	7	8	9	0	2	3	4	6	7	8	9
壶	贰	参	肆	五	陆	染	扒	玖	另	二	叁	四	陆	柒	捌	九
5	7	6	9	4	0	7	1	3	数位词							
伍	柒	六	玫	肆	0	柴	一	参	佰	千	万	仟	乙	元	拾	分

(3) 将阿拉伯数字日期写成中文大写日期。

① 2013 年 1 月 6 日　　应写成________________

② 2014 年 3 月 15 日　　应写成________________

③ 2015 年 7 月 28 日　　应写成________________

④ 2015 年 10 月 30 日　　应写成________________

⑤ 2016 年 2 月 10 日　　应写成________________

⑥ 2016 年 11 月 20 日　　应写成________________

⑦ 2016 年 12 月 27 日　　应写成________________

实训三　大小写金额的书写

一、实训目的

通过实训,使同学们熟练掌握大小写金额的规范书写。

二、实训准备

书写练习用纸,资料中已有。

三、实训资料及要求

（1）对照表 2-3 中的数字练习没有数位线的小写金额的书写。

表 2-3　　没有数位线的小写金额的书写

￥93 637.94	￥58 219.07	￥8 306.92	￥69 218.00	￥6 835.47	￥35 284.90

（2）把表 2-4 中没有数位分隔线的各人民币小写数字金额写成有数位分隔线的小写金额和大写数字金额。

表 2-4　　数字大小写金额书写

题号	凭证、账表上的小写金额栏											原始凭证上面的大写金额
	没有数位分隔线	有数位分隔线										
		千	百	十	万	千	百	十	元	角	分	
1	￥3 486.27											人民币（大写）
2	￥98.03											人民币（大写）
3	￥13 209 008.30											人民币（大写）
4	￥10 642.00											人民币（大写）
5	￥373 400.05											人民币（大写）
6	￥886 006.10											人民币（大写）
7	￥1 600 000.03											人民币（大写）
8	￥45 000.10											人民币（大写）
9	￥6 352 869.00											人民币（大写）
10	￥303 500.80											人民币（大写）
11	￥20 000.58											人民币（大写）
12	￥32 500.50											人民币（大写）
13	￥450 007.00											人民币（大写）
14	￥40 070.89											人民币（大写）
15	￥35 100.00											人民币（大写）
16	￥3 000 005.00											人民币（大写）

(3) 把表 2-5 中各人民币大写数字金额写成小写数字金额。

表 2-5　　　　数字大小写金额书写

题号	原始凭证上面的大写金额	凭证、账表上的小写金额栏										
		没有数位分隔线	有数位分隔线									
			千	百	十	万	千	百	十	元	角	分
1	人民币(大写)叁佰陆拾元整											
2	人民币(大写)贰佰零捌元伍角陆分											
3	人民币(大写)肆拾捌万零玖佰元整											
4	人民币(大写)壹万柒仟肆佰零玖元零伍分											
5	人民币(大写)贰仟元伍角陆分											
6	人民币(大写)肆佰贰拾伍元零陆分											
7	人民币(大写)叁佰伍拾贰万零伍元壹角整											
8	人民币(大写)捌仟玖佰零贰元整											
9	人民币(大写)壹佰陆拾柒元零伍分											
10	人民币(大写)壹仟元整											
11	人民币(大写)贰仟肆佰伍拾陆元零捌分											

实训四　原始凭证的填制与审核

一、实训目的

通过实训,使同学们理解原始凭证应具备的基本要素,熟悉会计工作中常见原始凭证的格式、内容及用途,掌握原始凭证的填制方法,能正确填制常用的原始凭证,能对原始凭证进行审核,指出其存在的问题并进行更正。

二、实训准备

支票、发票、借款借据、收料单、进账单、收款收据,资料中已有。

三、实训资料及要求

2018 年 6 月 1 日至 20 日,回头客食品有限公司基本资料如表 2-6 所示,发生的经济业务如下,按题目要求进行处理。

表 2-6　　　　　　　　　　　　回头客食品有限公司基本资料

地址	浙江省江南市文一路 16 号	法人代表	周立军
开户银行	中国工商银行江南文一支行	会计主管	王淑慧
账号	666895465006777	出纳(兼开票员)	孙玉婷
税务登记号	330321321000888	制单会计	李多
注册资金	100 万元	复核会计	赵钱霞
企业性质	加工制造业	电话	0571-65265888
预留银行印鉴	回头客食品有限公司财务专用章　军周印立	发票专用章	回头客食品有限公司 330321321000888 发票专用章

备注:(1) 该企业是增值税一般纳税人企业。
(2) 报销费用 3 000 元以下,会计主管审核,3 000 元以上的还需法人代表审核。

(1) 2018 年 6 月 8 日,公司提取现金 10 000 元备用。要求:出纳填写现金支票,密码 6660066,印签管理人员加盖预留银行印签。空白现金支票如表 2-7 所示。

表 2-7(正面)　　　　　　　　　　　　中国工商银行现金支票

中国工商银行 现金支票存根 10203310 00065487 附加信息 出票日期:　年　月　日 收款人: 金　额: 用　途: 单位主管:　会计:	中国工商银行　现金支票　10203310 00065487 出票日期(大写)　年　月　日　付款行名称:工行江南文一支行 收款人:　出票人账号:666895465006777 付款期限自出票之日起十天 人民币(大写)　亿 千 百 十 万 千 百 十 元 角 分 用途:　密码: 上列款项请从 我账户内支付 出票人签章　复核:　记账:

(2) 2018 年 6 月 8 日,公司销售给顾客李杰面包 200 千克,每千克不含税单价 16 元;蛋糕 150 千克,每千克不含税单价 20 元,收到现金。

要求:开票员开具增值税普通发票,空白增值税普通发票如表 2-8 和表 2-9 所示。李杰的身份证号是 330856197203041542。

表 2-7（背面）

附加信息：	收款人签章 年　月　日	（贴粘单处）	根据《中华人民共和国票据法》等法律、法规的规定，签发空头支票由中国人民银行处以票面金额5%但不低于1 000元的罚款。
	身份证件名称：　　　　发证机关：		
	号码		

表 2-8

浙江增值税普通发票

3300182320　　　　No10946896

开票日期：　　年　月　日

购买方	名　　称： 纳税人识别号： 地 址 、电 话： 开户行及账号：			密码区	（略）		
货物或应税劳务、服务名称	规格型号	单位	数量	单价	金额	税率	税额
合计							
价税合计（大写）	（小写）						
销售方	名　　称： 纳税人识别号： 地 址 、电 话： 开户行及账号：			备注			

收款人：　　复核：　　开票人：　　销售方：（章）

税总函[2017]105号　海南华森实业公司

第一联：记账联　销售方记账凭证

表 2-9

浙江增值税普通发票

3300182320　　　　No10946896

发票联

开票日期：　　年　月　日

购买方	名　　称： 纳税人识别号： 地 址 、电 话： 开户行及账号：			密码区	（略）		
货物或应税劳务、服务名称	规格型号	单位	数量	单价	金额	税率	税额
合计							
价税合计（大写）	（小写）						
销售方	名　　称： 纳税人识别号： 地 址 、电 话： 开户行及账号：			备注			

收款人：　　复核：　　开票人：　　销售方：（章）

税总函[2017]105号　海南华森实业公司

第二联：发票联　购买方记账凭证

(3) 2018 年 6 月 8 日，供应科张玲因去上海采购材料，向财务科借现金 1 000 元。

要求：张玲填写借款单。空白借款单如表 2-10 和表 2-11 所示。

表 2-10

借款借据

借款日期：　年　月　日

借款部门		借款理由	
借款金额(大写)			¥________
部门领导意见：		借款人签章：	
备注：			

借款记账联

表 2-11

借款借据

借款日期：　年　月　日

借款部门		借款理由	
借款金额(大写)			¥________
部门领导意见：		借款人签章：	
备注：			

借款人留存

(4) 2018 年 6 月 9 日，上月向旺旺面粉厂购入 1＃A 材料 1 000 千克，单价每千克 10 元，材料类别是原料及主要材料，发票号码 00660506，已验收，入 2 号仓库。

要求：保管张明填制收料单。空白收料单如表 2-12～表 2-14 所示。

表 2-12

收　料　单　　1

供货单位：________　　No:26549

发票号码：________　　年　月　日　　收货仓库：________

材料类别	名称及规格	计量单位	数量		实际成本	
			应收	实收	单价	金额
合　计						

验收：　保管：　记账：　制单：

此联存根联

表 2-13

收　料　单

2

供货单位：________　　　　　　　　　　　　　　　　No：26549

发票号码：________　　　　年　月　日　　　　　　收货仓库：________

材料类别	名称及规格	计量单位	数量		实际成本	
			应收	实收	单价	金额
合　计						

此联财务记账

验收：　　　　保管：　　　　记账：　　　　制单：

表 2-14

收　料　单

3

供货单位：________　　　　　　　　　　　　　　　　No：26549

发票号码：________　　　　年　月　日　　　　　　收货仓库：________

材料类别	名称及规格	计量单位	数量		实际成本	
			应收	实收	单价	金额
合　计						

此联送货人留存

验收：　　　　保管：　　　　记账：　　　　制单：

(5) 2018 年 6 月 9 日，公司收到转账支票一张，如表 2-15 所示。要求：出纳审核收到的转账支票，填制进账单，印签管理人员加盖预留银行印签。空白进账单如表 2-16～表 2-18 所示。

表 2-15（正面）　　　　中国工商银行转账支票

中国工商银行　转账支票　　10203320 02236508

出票日期（大写）贰零壹陆年零陆月零玖日　付款行名称工行江南处州支行

收款人：回头客食品有限公司　　出票人账号 895465006333

付款期限自出票之日起十天

人民币（大写）	壹拾叁万柒仟元整	千	百	十	万	千	百	十	元	角	分
			¥	1	3	7	0	0	0	0	0

用途　还前欠货款　　　　密码________

行号　1029

上列款项请从我账户内支付　出票人签章

江南丽鑫商厦有限公司财务专用章　　强王印立

复核：　　记账：

表 2-15（背面）

<table>
<tr><td rowspan="2">附加信息：</td><td>被背书人</td><td>被背书人</td><td rowspan="2">（贴粘单处）</td></tr>
<tr><td>背书人签章
年 月 日</td><td>背书人签章
年 月 日</td></tr>
</table>

表 2-16

中国工商银行进账单（回单）　　1

年　月　日

出票人	全　称		收款人	全　称	
	账　号			账　号	
	开户银行			开户银行	
金额	人民币（大写）			千 百 十 万 千 百 十 元 角 分	
票据种类		票据张数			
票据号码					
复核：　　记账：				开户银行盖章	

此联是收款人开户银行交持票人的回单

表 2-17

中国工商银行进账单（贷方凭证）　　2

年　月　日

出票人	全　称		收款人	全　称	
	账　号			账　号	
	开户银行			开户银行	
金额	人民币（大写）			千 百 十 万 千 百 十 元 角 分	
票据种类		票据张数			
票据号码					
备注：				复核：　　记账：	

此联由收款人开户银行作贷方凭证

表 2-18

中国工商银行进账单（收账通知）　　3

年　月　日

出票人	全　称		收款人	全　称	
	账　号			账　号	
	开户银行			开户银行	
金额	人民币（大写）			千 百 十 万 千 百 十 元 角 分	
票据种类		票据张数			
票据号码					
复核：　　记账：				收款人开户银行签章	

此联是收款人开户银行交收款人的收账通知

(6) 2018 年 6 月 13 日，公司供应科张玲出差回来，报销差旅费，交来领导签字的报销单一张，如表 2-19 所示，退回余款。

表 2-19

差旅费报销单

报销日期：2018 年 6 月 13 日

部门	供应科	出差人	张玲		事由	上海采购				
出差日期	起止地点	飞机	火车	汽车	市内交通费	住宿费	增值税	其他	合计	单据
6 月 8 日	江南至上海		140.00			720.00	43.20	200.00	1 103.20	2
6 月 11 日	上海至江南		140.00						140.00	1
合　计			￥280.00			￥763.20	￥43.20	￥200.00	￥1 243.20	3
报销金额	人民币(大写)壹仟贰佰肆拾叁元贰角整								￥1 243.20	
原借款	￥1 000.00	报销额	￥1 243.20		应退还		应补付		￥243.20	
财会审核意见	已审核 王淑慧 2018.6.13		审批人意见							

主管：　　会计：　　出纳：　　报销人：张玲

要求：出纳员孙玉婷审核报销凭证，开具收据，空白收据如图 2-1、图 2-2 和表 2-20～表 2-23 所示。

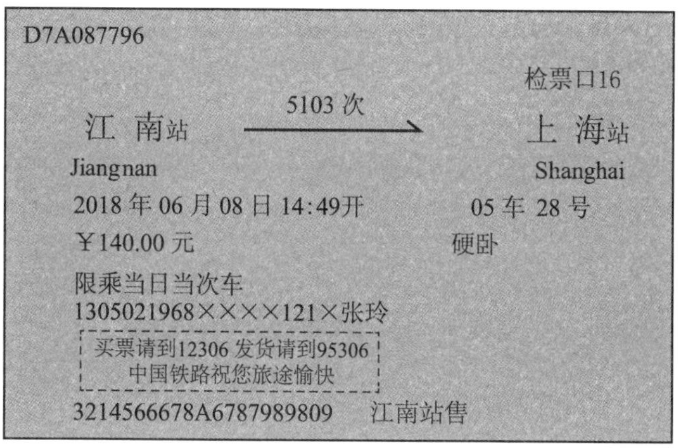

图 2-1　江南到上海火车票

D7A087795

检票口1

5102次

上海站 Shanghai → 江南站 Jiangnan

2018年06月11日12:03开　　08车66号

¥140.00元　　硬卧

限乘当日当次车

1305021968××××121×张玲

买票请到12306 发货请到95306
中国铁路祝您旅途愉快

3728966678A6787982356　上海站售

图 2-2　上海到江南火车票

表 2-20

上海增值税专用发票

3100182130　　　　No02065425

发票联　　　　开票日期：2018年06月11日

国税函[2018]7号　临海华森实业公司

购买方	名称：回头客食品有限公司 纳税人识别号：330321321000888 地址、电话：江南市文一路16号　0571-65265888 开户行及账号：工行江南文一支行　666895465006777			密码区	（略）		
货物或应税劳务、服务名称	规格型号	单位	数量	单价	金额	税率	税额
住宿		天	3	240.00	720.00	6%	43.20
合计					¥720.00		¥43.20
价税合计（大写）	⊗柒佰陆拾叁元贰角整				（小写）¥763.20		
销售方	名称：上海昌达大酒店 纳税人识别号：310010000101068 地址、电话：上海市南京路5号　021-32155684 开户行及账号：工行上海南京路支行　222164088			备注	上海昌达大酒店 310010000101068 发票专用章		

第三联：发票联　购买方记账凭证

收款人：　　复核：　　开票人：李花　　销售方：（章）

注：发票抵扣联略。

表 2-21

收 款 收 据

年　月　日　　　　No1154942

交款单位		交款方式	
人民币（大写）			十 万 千 百 十 元 角 分
交款事由			

第一联：存根联

收款单位：　　主管：　　出纳：　　经手人：

表 2-22

收　款　收　据

年　月　日　　　　　　　　No1154942

<table>
<tr><td>交款单位</td><td colspan="2"></td><td>交款方式</td><td colspan="8"></td><td rowspan="3">第二联：收据联</td></tr>
<tr><td rowspan="2">人民币
（大写）</td><td colspan="3" rowspan="2"></td><td>十</td><td>万</td><td>千</td><td>百</td><td>十</td><td>元</td><td>角</td><td>分</td></tr>
<tr><td></td><td></td><td></td><td></td><td></td><td></td><td></td><td></td></tr>
<tr><td>交款事由</td><td colspan="11"></td><td></td></tr>
</table>

收款单位：　　　　主管：　　　　出纳：　　　　经手人：

表 2-23

收　款　收　据

年　月　日　　　　　　　　No1154942

<table>
<tr><td>交款单位</td><td colspan="2"></td><td>交款方式</td><td colspan="8"></td><td rowspan="3">第三联：记账联</td></tr>
<tr><td rowspan="2">人民币
（大写）</td><td colspan="3" rowspan="2"></td><td>十</td><td>万</td><td>千</td><td>百</td><td>十</td><td>元</td><td>角</td><td>分</td></tr>
<tr><td></td><td></td><td></td><td></td><td></td><td></td><td></td><td></td></tr>
<tr><td>交款事由</td><td colspan="11"></td><td></td></tr>
</table>

收款单位：　　　　主管：　　　　出纳：　　　　经手人：

(7) 2018 年 6 月 18 日，供应科采购员王敏赴北京采购材料，预借款 4 000 元，如表 2-24 所示，部门领导是周坤，出纳审核说有错误，不予办理借款。

要求：指出错误的地方，并说明更正的方法。

表 2-24

借　款　借　据

借款日期：2018 年 6 月 18 日

<table>
<tr><td>借款部门</td><td>供应科</td><td>借款理由</td><td>到北京采购</td><td rowspan="4">借款记账联</td></tr>
<tr><td colspan="4">借款金额（大写）肆仟元　　　　　　　　￥4 000.00</td></tr>
<tr><td colspan="2">部门领导意见：
已审核。王淑慧 2018.6.8</td><td colspan="2">借款人签章：
王敏</td></tr>
<tr><td colspan="4">备注：</td></tr>
</table>

(8) 2018 年 6 月 20 日，销售面包 500 件，不含税单价每件 200 元，糍粑 500 件，不含税单价每件 100 元，开出增值税专用发票，记账联如表 2-25 所示，同时收到东方有限责任公司签发的转账支票一张，如表 2-26 所示。

要求：审核这两张凭证是否正确，如不正确，指出错误的地方，并说明更正的方法。

表 2-25

浙江增值税专用发票

3300182140　　　　No02060557

此联不作报销、扣税凭证使用　　　开票日期：2018年06月20日

（印章：全国统一发票监制章 浙江 国家税务总局监制）

购买方	名称：东方有限责任公司 纳税人识别号：330321321066688 地址、电话：江南市民主路16号　0571-65265321 开户行及账号：工行江南民主支行　666321321000555				密码区	（略）		
货物或应税劳务、服务名称		规格型号	单位	数量	单价	金额	税率	税额
面包		A1003	件	500	200.00	100 000.00	16%	16 000.00
糍粑		B2021	件	500	100.00	50 000.00	16%	8 000.00
合计						￥150 000.00		￥24 000.00
价税合计（大写）		（小写）￥174 000.00						
销售方	名称：回头客食品有限公司 纳税人识别号：330321321000888 地址、电话：江南市文一路16号　0571-65265888 开户行及账号：工行江南文一支行　666895465006777				备注	（印章：回头客食品有限公司 330321321000888 发票专用章）		

收款人：　　　复核：　　　开票人：　　　销售方：（章）

税总函[2018]102号　临海华森实业公司

第一联：记账联　销售方记账凭证

表 2-26（正面）

中国工商银行转账支票

中国工商银行　转账支票　　10203320　02236668

出票日期（大写）贰零壹捌年　陆月　贰拾日　付款行名称工行江南民主支行

收款人：回头客食品有限公司　　　出票人账号 666321321000555

人民币（大写）	千	百	十	万	千	百	十	元	角	分
拾柒万肆仟元		￥	1	7	4	0	0	0	0	0

付款期限自出票之日起十天

用途　购货款　　　　密码

上列款项请从
我账户内支付
出票人签章

（印章：东方有限责任公司财务专用章）

复核：　记账：

表 2-26(背面)

附加信息:	被背书人	被背书人	贴粘单处)
	背书人签章 年　月　日	背书人签章 年　月　日	

实训五　专用记账凭证的填制与审核

一、实训目的

通过实训，使同学们熟练掌握专用记账凭证的编制方法，能根据审核无误的原始凭证正确编制专用记账凭证，并能对记账凭证进行审核。

二、实训准备

收款凭证 2 张、付款凭证 3 张、转账凭证 2 张，需自己准备。

三、实训资料及要求

根据实训四资料中的第(1)～(6)题的经济业务编制专用记账凭证。建议同学们两人一组，先当制单员编制记账凭证，然后当复核会计，将做完的记账凭证交互复核。

实训六　通用记账凭证的填制与审核

一、实训目的

通过实训，使同学们熟练掌握通用记账凭证的编制方法，能根据审核无误的原始凭证正确编制通用记账凭证，并能对记账凭证进行审核。

二、实训准备

通用记账凭证 35 张，需自己准备。

三、实训资料及要求

1. 根据实训四资料中的第(1)～(6)题的经济业务编制通用记账凭证，并比较通用记账凭证与专用记账凭证编制的异同。

2. 川东福来有限责任公司基本资料如表 2-27 所示，2018 年 6 月发生如下经济业务。

要求：编制记账凭证，审核记账凭证。建议同学们两人一组，先当制单员编制记账凭证，然后当

复核会计，将做完的记账凭证交互复核。

表 2-27　　川东福来有限责任公司基本资料

地址	四川省南岭市机场路 16 号	法人代表	郑利平
开户银行	中国工商银行南岭机场支行	会计主管	张强
账号	895465006	出纳(兼开票员)	周敏
税务登记号	510321321000888	制单会计	刘婷婷
注册资金	100 万元	复核会计	王丽英
企业性质	加工制造业	电话	0461-65265888
材料名称	甲材料 乙材料	产品名称	ABC 产品 KST 产品
预留银行印鉴	川东福来有限责任公司财务专用章　郑利平印	发票专用章	川东福来有限责任公司 510321321000888 发票专用章
其他印章	现金收讫　现金付讫　银行付讫　银行收讫		
备注：1. 该企业是增值税一般纳税人企业。 2. 报销费用 3 000 元以下，会计主管审核，3 000 元以上的还需法人代表审核。			

(1) 2018 年 6 月 1 日，公司提取现金 5 000 元备用，如表 2-28 所示。

表 2-28(正面)　　现金支票存根

中国工商银行
现金支票存根
10203310
00065487

附加信息

出票日期：2018 年 6 月 1 日

收款人：川东福来有限责任公司
金　额：¥5 000.00
用　途：备用金

单位主管：　　会计：

表 2-28(背面)

根据《中华人民共和国票据法》等法律、法规的规定，签发空头支票由中国人民银行处以票面金额 5%但不低于 1 000 元的罚款。

(2) 2018 年 6 月 2 日，以现金支付办公用品费，如表 2-29 和表 2-30 所示。

表 2-29 川东福来有限责任公司**费用报销单**

报销部门：办公室　　　　2018 年 6 月 2 日　　　　单据及附件 2 张

用途	金额(元)	备注	办公用品直接交付使用		
办公用品费	754.00				
		部门审核	同意报销 王华 2018.6.2	领导审批	同意 张强 2018.6.2
现金付讫					
合 计	¥754.00				
金额(大写)人民币柒佰陆拾元伍角整					

报销人：李英

表 2-30 四川增值税专用发票

5100182130　　　　全国统一发票监制章 四川 国家税务总局监制　　发 票 联　　No00946896

开票日期：2018 年 06 月 02 日

购买方	名　　　称：川东福来有限责任公司 纳税人识别号：510321321000888 地 址 、电 话：南岭市机场路 16 号　0461-65265888 开户行及账号：工行南岭机场支行　895465006				密码区	（略）		
货物或应税劳务、服务名称	规格型号	单位	数量	单价	金额	税率	税额	
办公用品					650.00	16%	104.00	
合计					¥650.00		¥104.00	
价税合计(大写)	⊗柒佰伍拾肆元整				（小写）¥754.00			
销售方	名　　　称：南岭振兴文体用品商店 纳税人识别号：510321321055558 地 址 、电 话：南岭市胜利路 3 号　0461-65265333 开户行及账号：建行南岭胜利支行　456333222				备注	清单另附 南岭振兴文体用品商店 510321321055558 发票专用章		

收款人：张敏　　复核：　　开票人：刘丽　　销售方：(章)

注：附清单一张略。

税总函[2018]102 号　海南华森实业公司

第三联：发票联　购买方记账凭证

(3) 2018 年 6 月 6 日，公司供应科周华去广州采购，预借差旅费，如表 2-31 所示。

表 2-31

借　款　借　据

借款日期：2018 年 6 月 6 日

<table>
<tr><td>借款部门</td><td>供应科</td><td>借款理由</td><td>到广州采购</td></tr>
<tr><td colspan="4">借款金额（大写）贰仟伍佰元整　现金付讫　￥2 500.00</td></tr>
<tr><td colspan="2">部门领导意见：
同意　田甜　2018.6.6</td><td colspan="2">借款人签章：
周华</td></tr>
<tr><td colspan="4">备注：</td></tr>
</table>

借款记账联

（4）2018 年 6 月 8 日，向西北昌源有限公司购入甲材料，如表 2-32～表 2-36 所示。

表 2-32

川东福来有限责任公司采购申请单

填表日期：2018 年 6 月 8 日

<table>
<tr><td>请购部门</td><td>供应科</td><td>需求日期</td><td>2018 年 6 月 10 日</td><td colspan="2">付款方式</td><td>电汇</td></tr>
<tr><td>供货单位</td><td colspan="2">西北昌源有限公司</td><td>开户银行及账号</td><td colspan="3">建行延安前进支行 456333888</td></tr>
<tr><td>序号</td><td>品种</td><td>规格</td><td>单位</td><td>库存量</td><td>需采购量</td><td>金额</td></tr>
<tr><td>1</td><td>甲材料</td><td></td><td>千克</td><td>100</td><td>2 000</td><td>23 200.00</td></tr>
<tr><td></td><td></td><td></td><td></td><td></td><td></td><td></td></tr>
<tr><td></td><td></td><td></td><td></td><td></td><td></td><td></td></tr>
<tr><td>合计</td><td></td><td></td><td></td><td></td><td></td><td>￥23 200.00</td></tr>
<tr><td>用途说明</td><td colspan="6">生产产品用</td></tr>
<tr><td rowspan="2">审批</td><td colspan="2">采购负责人</td><td colspan="2">部门主管</td><td colspan="2">请购人</td></tr>
<tr><td colspan="2">赵一滴</td><td colspan="2">田甜</td><td colspan="2">刘军</td></tr>
</table>

表 2-33

陕西增值税专用发票

6100181130

（全国统一发票监制章 陕西 国家税务总局监制）

抵 扣 联

№00940096

开票日期：2018 年 06 月 08 日

购买方	名　　称：川东福来有限责任公司 纳税人识别号：510321321000888 地 址 、电 话：南岭市机场路 16 号　0461-65265888 开户行及账号：工行南岭机场支行　895465006				密码区	（略）		
货物或应税劳务、服务名称	规格型号	单位	数量	单价	金额	税率	税额	
甲材料		千克	2 000	10.00	20 000.00	16%	3 200.00	
合计					￥20 000.00		￥3 200.00	
价税合计（大写）	⊗贰万叁仟贰佰元整				（小写）￥23 200.00			
销售方	名　　称：西北昌源有限公司 纳税人识别号：610321321055558 地 址 、电 话：延安市前进路 3 号 0215-65265333 开户行及账号：建行延安前进支行 456333888				备注	（西北昌源有限公司 610321321055558 发票专用章）		

收款人：李杰　　复核：　　开票人：刘丽丽　　销售方：（章）

税总函[2018]102 号　海南华森实业公司

第二联：抵扣联　购买方扣税凭证

表 2-34

陕西增值税专用发票

6100181130

（全国统一发票监制章 陕西 国家税务总局监制）

发 票 联

№00940096

开票日期：2018 年 06 月 08 日

购买方	名　　称：川东福来有限责任公司 纳税人识别号：510321321000888 地 址 、电 话：南岭市机场路 16 号　0461-65265888 开户行及账号：工行南岭机场支行　895465006				密码区	（略）		
货物或应税劳务、服务名称	规格型号	单位	数量	单价	金额	税率	税额	
甲材料		千克	2 000	10.00	20 000.00	16%	3 200.00	
合计					￥20 000.00		￥3 200.00	
价税合计（大写）	⊗贰万叁仟贰佰元整				（小写）￥23 200.00			
销售方	名　　称：西北昌源有限公司 纳税人识别号：610321321055558 地 址 、电 话：延安市前进路 3 号　0215-65265333 开户行及账号：建行延安前进支行　456333888				备注	（西北昌源有限公司 610321321055558 发票专用章）		

收款人：李杰　　复核：　　开票人：刘丽丽　　销售方：（章）

税总函[2018]102 号　海南华森实业公司

第三联：发票联　购买方记账凭证

表 2-35

中国工商银行电汇凭单(回单)　　1

委托日期 2018 年 6 月 8 日

<table>
<tr><td rowspan="3">汇款人</td><td>全　称</td><td>川东福来有限责任公司</td><td rowspan="3">收款人</td><td>全　称</td><td colspan="10">西北昌源有限公司</td></tr>
<tr><td>账　号</td><td>895465006</td><td>账　号</td><td colspan="10">456333888</td></tr>
<tr><td>汇出地点</td><td>四川省南岭市/县</td><td>汇入地点</td><td colspan="10">陕西省延安市/县</td></tr>
<tr><td colspan="2">汇出行名称</td><td>中国工商银行南岭机场支行</td><td colspan="2">汇入行名称</td><td colspan="10">中国建设银行延安前进支行</td></tr>
<tr><td colspan="2" rowspan="2">汇票金额</td><td colspan="3" rowspan="2">人民币(大写)　贰万叁仟贰佰元整</td><td>千</td><td>百</td><td>十</td><td>万</td><td>千</td><td>百</td><td>十</td><td>元</td><td>角</td><td>分</td></tr>
<tr><td></td><td></td><td>¥</td><td>2</td><td>3</td><td>2</td><td>0</td><td>0</td><td>0</td><td>0</td></tr>
<tr><td colspan="3" rowspan="2">中国工商银行南岭机场支行
2018.06.08
业务专用章
汇出行签章</td><td colspan="12">支付密码：</td></tr>
<tr><td colspan="12">附加信息及用途：　货款</td></tr>
</table>

此联汇出行给汇款人的回单

表 2-36

收　料　单　　2

供货单位：西北昌源有限公司　　　　No

发票号码：00940096　　2018 年 6 月 8 日　　收货仓库：2 号

材料类别	名称及规格	计量单位	数量		实际成本	
			应收	实收	单价	金额
原料及主要材料	甲材料	千克	2 000	2 000	10.00	20 000.00
合计						¥20 000.00

此联财务记账

采购员：赵一滴　　保管：刘强　　记账：　　制单：王平

(5) 2018 年 6 月 9 日，公司销售 ABC 产品，如表 2-37 和表 2-38 所示。

表 2-37

四川增值税专用发票

5100181130　　　　№00945555

此联不作报销、扣税凭证使用　　　　开票日期：2018 年 06 月 09 日

<table>
<tr><td>购买方</td><td colspan="5">名　　称：宁波顺康有限责任公司
纳税人识别号：330000222000888
地 址 、电 话：宁波市开发路 8 号　0573-65265888
开户行及账号：工行宁波城北支行　895488822</td><td>密码区</td><td colspan="3">（略）</td></tr>
<tr><td colspan="2">货物或应税劳务、服务名称</td><td>规格型号</td><td>单位</td><td>数量</td><td>单价</td><td>金额</td><td>税率</td><td>税额</td></tr>
<tr><td colspan="2">ABC 产品</td><td></td><td>件</td><td>500</td><td>80.00</td><td>40 000.00</td><td>16%</td><td>6 400.00</td></tr>
<tr><td colspan="2">合计</td><td></td><td></td><td></td><td></td><td>￥40 000.00</td><td></td><td>￥6 400.00</td></tr>
<tr><td colspan="2">价税合计（大写）</td><td colspan="4">⊗肆万陆仟肆佰元整</td><td colspan="3">（小写）￥46 400.00</td></tr>
<tr><td>销售方</td><td colspan="5">名　　称：川东福来有限责任公司
纳税人识别号：510321321000888
地 址 、电 话：南岭市机场路 16 号　0461-65265888
开户行及账号：工行南岭机场支行　895465006</td><td>备注</td><td colspan="3">川东福来有限责任公司
510321321000888
发票专用章</td></tr>
</table>

收款人：张敏　　复核：　　开票人：刘丽　　销售方：（章）

税总函[2018]102 号　海南华森实业公司

第一联：记账联　销售方记账凭证

表 2-38

川东福来有限责任公司产品销售发货单

购货单位：宁波顺康有限责任公司　　2018 年 6 月 9 日　　编号：2013001212

品种	规格	单位	数量	单价	金额	备注
ABC 产品		件	500	92.80	46 400.00	发票号码 00945555 款未收

销售负责人：张军　　发货人：刘明　　提货人：　　制单：李磊

第二联：记账联

（6）2018 年 6 月 11 日，供应科周华出差归来报销差旅费，如表 2-39～表 2-41 和图 2-3～图 2-8 所示。

表 2-39

差旅费报销单

报销日期：2018 年 6 月 11 日

部门	供应科	出差人	周华		事由	广州采购				
出差日期	起止地点	飞机	火车	汽车	市内交通费	住宿费	增值税	其他	合计	单据
6 月 6 日	重庆至广州		380.00		219.00	870.00	52.20	630.00	2 151.20	8
6 月 10 日	广州至重庆		380.00						380.00	1
合　　计			￥760.00		￥219.00	￥870.00	￥52.20	￥630.00	￥2 531.20	9
报销金额	人民币（大写）贰仟伍佰叁拾壹元贰角整							￥2 531.20		
原借款	￥2 500.00	报销额	￥2 531.20		应退还		应补付		31.20	
财会审核意见	已审核 张强 2018.6.11		审批人意见							

现金付讫

主管：　　会计：　　出纳：周敏　　报销人：周华

表 2-40

收　款　收　据

2018 年 6 月 11 日　　№1154956

交款单位	供应科周华	交款方式	现金							
人民币（大写）	贰仟伍佰元整	十	万	千	百	十	元	角	分	
			￥	2	5	0	0	0	0	
交款事由	交回原借款									

现金收讫

第三联：记账联

收款单位：　　主管：　　出纳：周敏　　经手人：周华

表 2-41

4400182130　　　　**广东增值税专用发票**　　　　№44065425

发　票　联　　　　开票日期：2018 年 06 月 09 日

（印章：全国统一发票监制章 广东 国家税务总局监制）

国税函[2018]102 号　临海华森实业公司

购买方	名　　称：川东福来有限责任公司 纳税人识别号：510321321000888 地 址 、电 话：南岭市机场路 16 号　0461-65265888 开户行及账号：工行南岭机场支行　895465006				密码区	（略）		
货物或应税劳务、服务名称		规格型号	单位	数量	单价	金额	税率	税额
住宿			天	3	290.00	870.00	6%	52.20
合计						￥870.00		￥52.20
价税合计（大写）		⊗玖佰贰拾贰元贰角整				（小写）￥922.20		
销售方	名　　称：广东尚宇大酒店 纳税人识别号：440121000010068 地 址 、电 话：广州市雅秀路 5 号　020-12155684 开户行及账号：工行广州越秀路支行　222199088				备注	（印章：广东尚宇大酒店 440121000010068 发票专用章）		

第三联：发票联　购买方记账凭证

收款人：　　　　复核：　　　　开票人：张敏　　　　销售方：（章）

注：发票抵扣联略。

D7A088794

检票口3

重 庆站 Chongqing　—— 6103 次 →　广 州站 Guangzhou

2018 年 06 月 06 日 10:49开　　05 车 68 号

￥380.00 元　　硬卧

限乘当日当次车

1323061980××××215×周华

买票请到12306 发货请到95306

中国铁路祝您旅途愉快

6452107778A6337989809　重庆站售

图 2-3　重庆到广州火车票

D7A088796

检票口3

广 州站 Guangzhou　—— 6102 次 →　重 庆站 Chongqing

2018 年 06 月 09 日 22:03开　　06 车 66 号

￥380.00 元　　硬卧

限乘当日当次车

1323061980××××215×周华

买票请到12306 发货请到95306

中国铁路祝您旅途愉快

3214566678A3674251009　广州站售

图 2-4　广州到重庆火车票

广东省广州市出租汽车统一车票

发 票 联

144011470386

05574621

电话:36333000

此发票手写无效

电话	36333000
车号粤	A4CG56
证号	0000
日期	2018-06-08
上车	18:40
下车	19:10
单价	2.60 元
里程	23.12km
候时	00:43:49
金额	￥66.00 元

图 2-5 出租车票(1)

广东省广州市出租汽车统一车票

发 票 联

144011470523

05574986

电话:36333000

此发票手写无效

电话	36333000
车号粤	A56BG7
证号	0000
日期	2018-06-09
上车	19:32
下车	19:47
单价	2.60 元
里程	8.72km
候时	00:15:21
金额	￥26.00 元

图 2-6 出租车票(2)

广东省广州市出租汽车统一车票

发 票 联

144011480592

05674852

电话:36333000

此发票手写无效

电话	36333000
车号粤	45623G
证号	0000
日期	2018-06-07
上车	19:02
下车	19:28
单价	2.60 元
里程	16.8km
候时	00:42:17
金额	￥55.00 元

图 2-7 出租车票(3)

广东省广州市出租汽车统一车票

发 票 联

144011452374

05682123

电话:36333000

此发票手写无效

电话	36333000
车号粤	231BG5
证号	0000
日期	2018-06-08
上车	13:02
下车	13:36
单价	2.60 元
里程	22.10km
候时	00:58:18
金额	￥72.00 元

图 2-8 出租车票(4)

（7）2018 年 6 月 14 日，开出转账支票向南岭百佳广告公司支付本月广告费，如表 2-42～表 2-44 所示。

表 2-42

川东福来有限责任公司**费用报销单**

报销部门：办公室　　　　2018 年 6 月 14 日　　　　单据及附件 1 张

用途	金额（元）	备注			
广告费	2 438.00				
银行付讫		部门审核	同意 张强 2018.6.14	领导审批	同意 张强 2018.6.14
合　计	￥2 438.00				
金额（大写）人民币贰仟肆佰叁拾捌元整					

表 2-43

四川增值税专用发票

5100182130　　　　发　票　联　　　　№44065425

开票日期：2018 年 06 月 14 日

国税函[2018]102 号　临海华森实业公司

购买方	名　　称：川东福来有限责任公司 纳税人识别号：510321321000888 地 址 、电 话：南岭市机场路 16 号　0461-65265888 开户行及账号：工行南岭机场支行　895465006			密码区	（略）		
货物或应税劳务、服务名称	规格型号	单位	数量	单价	金额	税率	税额
广告费		天			2 300.00	6%	138.00
合计					￥2 300.00		￥138.00
价税合计（大写）	⊗贰仟肆佰叁拾捌元整				（小写）￥2 438.00		
销售方	名　　称：南岭百佳广告有限公司 纳税人识别号：510321000014468 地 址 、电 话：南岭市岭北路 5 号　0461-65155684 开户行及账号：工行南岭岭北支行　895499088			备注	南岭百佳广告有限公司 510321000014468 发票专用章		

第三联：发票联　购买方记账凭证

收款人：　　　复核：　　　开票人：王乐　　　销售方：（章）

注：发票抵扣联略。

表 2-44(正面)

转账支票存根

中国工商银行
转账支票存根
10203320
02236508

附加信息

出票日期：2018 年 6 月 14 日

收款人：南岭百佳广告公司
金　额：¥2 438.00
用　途：付广告费

单位主管：　　　　会计：

(8) 2018 年 6 月 14 日，公司用网银转账归还前欠货款，如表 2-45 所示。

表 2-45

网银国内跨行大额汇款凭证

网银业务编号：5663129　　大额业务编号：CB123464646　　业务类型：C001
发起行行号：4516　　汇款人开户行行号：4516　　汇出行委托日期：2018 年 6 月 14 日
汇款人开户行名称：中国工商银行南岭机场支行
汇款人账号：895465006
汇款人名称：川东福来有限责任公司
汇款人地址：南岭市机场路 16 号
接收行行号：3995　　收款人开户行行号：3995　　汇出行经办日期：2018 年 6 月 14 日
收款人开户行名称：中国建设银行宁波北仑支行
收款人账号：636126904
收款人名称：宁波顺达有限公司
收款人地址：宁波市开发路 34 号
汇款币种、金额：CNY276 200.00
手续费币种、金额：CNY0.50
电子汇划费币种、金额：CNY10.00

附言：货款
此联为客户回单

中国工商银行南岭机场支行
2018.06.14
业务专用章

银行盖章

(9) 2018 年 6 月 15 日，发放上月工资，如表 2-46 和表 2-47 所示。

表 2-44(背面)

根据《中华人民共和国票据法》等法律、法规的规定，签发空头支票由中国人民银行处以票面金额5%但不低于1 000元的罚款。

表 2-46

工资结算汇总表

2018 年 5 月 31 日　　　　单位:元

序号	姓名	基本工资	计时工资	补贴	实发工资	签名
1	郑利平	2 000.00		1 500.00	3 500.00	郑利平
2	张　强	1 900.00		1 500.00	3 400.00	张　强
3	周　敏	1 500.00	590.00	250.00	2 340.00	周　敏
4	李　林	1 400.00		900.00	2 300.00	李　林
5	王志文	1 400.00	600.00	120.00	2 120.00	王志文
⋮	⋮	⋮	⋮	⋮	⋮	⋮
合　计		￥95 479.00	￥30 620.00	￥33 601.00	￥159 700.00	

总经理:郑利平　　财务经理:张强　　复核:王丽英　　制表:刘婷婷

表 2-47

网上银行转账凭证(付款凭证)

记账日期:20180615	检索号:5489875
付款人户名:川东福来有限责任公司	付款人账号:895465006
收款人户名:中国工商银行南岭机场支行	收款人账号:
金额:人民币(大写)壹拾伍万玖仟柒佰元整　　(小写)￥159 700.00	
摘要:批量代发工资(256326C22654)	
金融自助卡号:62150123454213	打印时间:2016-06-15　09:30:56
银行验证码:44321565001	打印方式:自助打印　打印次数:1 次
地区码:1202　　网点码:DLZX	柜员号:DLZX　授权柜员号

(印章:中国工商银行南岭机场支行 2018.06.15 电子回单专用章)

(10) 2018 年 6 月 16 日,缴纳上月税费,如表 2-48 和表 2-49 所示。

表 2-48

中国工商银行电子缴税凭证(客户联)

转账日期:2018 年 06 月 16 日　　凭证字号:8000269

纳税人全称及识别号:川东福来有限责任公司　510321321000888

付款人全称:川东福来有限责任公司

付款人账号:895465006　　征收机关名称:南岭市地方税务局(一户通)

付款人开户银行:中国工商银行南岭机场支行　　收款国库(银行)名称:国家金库南岭市支库

小写(合计)金额:￥44 000.00　　缴款书交易流水号:8000269

大写(合计)金额:人民币肆万肆仟元整　　税票号码:71100269

税(费)种名称	所属时期	实缴金额
增值税	20180501-20180531	40 000.00
教育费附加	20180501-20180531	1 200.00
城市维护建设税	20180501-20180531	2 800.00

(印章:中国工商银行南岭机场支行 2018.06.16 业务专用章)

表 2-49　　　　　　　　　　中国工商银行(南岭机场支行)借记通知

流水号：22012865　　　　　　交易日期：2018 年 06 月 16 日

付款单位名称	川东福来有限责任公司	凭证编号	56321
付款单位账号	895465006	收款银行	工行南岭分行作业中心
收款单位名称	待划转一户通批量清算款	起息日	2018 年 6 月 16 日
收款单位账号	900123654	金额	RMB 44 000.00
交易名称	批量入账(日间运行)		
摘要	一户通税、费		

注：如果日期、流水号、账号、摘要、金额相同，系重复打印。经办柜员 653(批处理日间柜)(银行盖章)。

(11) 2018 年 6 月 18 日，购买机器设备，办理验收，交付使用，开出商业汇票，如表 2-50～表 2-53 所示。

表 2-50

4200182130　　　　湖北增值税专用发票

发　票　联

№00933396

开票日期：2018 年 06 月 18 日

税总函[2018]102 号　海南华森实业公司

购买方	名　　称：川东福来有限责任公司 纳税人识别号：510321321000888 地 址 、电 话：南岭市机场路 16 号　0461-65265888 开户行及账号：工行南岭机场支行　895465006					密码区	(略)
货物或应税劳务、服务名称	规格型号	单位	数量	单价	金额	税率	税额
车床	CA6140	台	2	40 000.00	80 000.00	16%	12 800.00
合计					¥80 000.00		¥12 800.00
价税合计(大写)	⊗玖万贰仟捌佰元整				(小写)¥92 800.00		
销售方	名　　称：华中机床有限公司 纳税人识别号：420666321055558 地 址 、电 话：汉中市胜利路 3 号　0219-64465333 开户行及账号：建行汉中胜利支行　456339988					备注	

第三联：发票联　购买方记账凭证

收款人：　　　　复核：　　　　开票人：刘玉丽　　　　销售方：(章)

表3-9 中国工商银行[illegible]

[illegible]	[illegible]	[illegible]	[illegible]
[illegible]	[illegible]	[illegible]	[illegible]
[illegible]	[illegible]	[illegible]	[illegible]
[illegible]	[illegible]	[illegible]	RMB 44 000.00
[illegible]	[illegible]		
[illegible]	[illegible]	[illegible]	

[illegible]

(11) [illegible]

表3-10 [illegible]

[illegible]

表 2-51

4200182130

湖北增值税专用发票

抵扣联

№00933396

开票日期：2018 年 06 月 18 日

税总函[2018]102 号　海南华森实业公司

<table>
<tr><td rowspan="4">购买方</td><td colspan="5">名　　　　称：川东福来有限责任公司</td><td rowspan="4">密码区</td><td colspan="3" rowspan="4">（略）</td></tr>
<tr><td colspan="5">纳税人识别号：510321321000888</td></tr>
<tr><td colspan="5">地 址 、电 话：南岭市机场路 16 号　0461-65265888</td></tr>
<tr><td colspan="5">开户行及账号：工行南岭机场支行　895465006</td></tr>
<tr><td colspan="2">货物或应税劳务、服务名称</td><td>规格型号</td><td>单位</td><td>数量</td><td colspan="2">单价</td><td>金额</td><td>税率</td><td>税额</td></tr>
<tr><td colspan="2">车床</td><td>CA6140</td><td>台</td><td>2</td><td colspan="2">40 000.00</td><td>80 000.00</td><td>16%</td><td>12 800.00</td></tr>
<tr><td colspan="2">合计</td><td></td><td></td><td></td><td colspan="2"></td><td>¥80 000.00</td><td></td><td>¥12 800.00</td></tr>
<tr><td colspan="2">价税合计(大写)</td><td colspan="8">⊗玖万贰仟捌佰元整　　　　（小写）¥92 800.00</td></tr>
<tr><td rowspan="4">销售方</td><td colspan="5">名　　　　称：华中机床有限公司</td><td rowspan="4">备注</td><td colspan="3" rowspan="4">华中机床有限公司
420666321055558
发票专用章</td></tr>
<tr><td colspan="5">纳税人识别号：420666321055558</td></tr>
<tr><td colspan="5">地 址 、电 话：汉中市胜利路 3 号　0219-64465333</td></tr>
<tr><td colspan="5">开户行及账号：建行汉中胜利支行　456339988</td></tr>
</table>

收款人：　　　　复核：　　　　开票人：刘玉丽　　　　销售方：（章）

第二联：抵扣联　购买方扣税凭证

表 2-52

商业承兑汇票（卡片）　1

出票日期（大写）贰零壹捌年零陆月壹拾捌日

00100523

30251468

<table>
<tr><td rowspan="3">付款人</td><td>全　称</td><td>川东福来有限责任公司</td><td rowspan="3">收款人</td><td>全　称</td><td colspan="2">华中机床有限公司</td></tr>
<tr><td>账 号</td><td>895465006</td><td>账　号</td><td colspan="2">456339988</td></tr>
<tr><td>开户银行</td><td>工行南岭机场支行</td><td>开户银行</td><td colspan="2">建行汉中胜利支行</td></tr>
<tr><td colspan="2">出 票 金 额</td><td colspan="3">人民币
（大写）玖万贰仟捌佰元整</td><td colspan="2">亿 千 百 十 万 千 百 十 元 角 分
¥ 9 2 8 0 0 0 0</td></tr>
<tr><td colspan="2">汇票到期日（大写）</td><td>贰零壹捌年零壹拾月壹拾捌日</td><td colspan="2">付款人</td><td>行号</td><td>3324</td></tr>
<tr><td colspan="2">交易合同号码</td><td>233399</td><td colspan="2">开户行</td><td>地址</td><td>南岭市机场路 16 号</td></tr>
<tr><td colspan="3">川东福来有限责任公司财务专用章　平郑印利
出票人签章</td><td colspan="4">备注</td></tr>
</table>

此联承兑票人留存

表 2-53

固定资产验收单

2018 年 6 月 18 日

固定资产编号	名称	规格型号	计量单位	数量	供货单位		发票号码	
2-06	车床	CA6140	台	2	华中机床有限公司		00933396	
设备费	安装费	运杂费	包装费	其他	合计	预计使用年限	预计净残值	使用部门
80 000.00					80 000.00	5	5%	车间
验收人意见	合格,交生产使用	验收人签章	刘二妮		保管使用人签章			李自强

(12) 2018 年 6 月 22 日,企业销售 KST 产品,如表 2-54～表 2-56 所示。

表 2-54

四川增值税专用发票

5100182130 №00945556

此联不作报销、扣税凭证使用 开票日期:2018 年 06 月 22 日

税总函[2018]102 号 海南华森实业公司

购买方	名称:银川丽华有限责任公司 纳税人识别号:640020222000888 地址、电话:银川市黄河路 8 号 0493-65265555 开户行及账号:工行银川黄河支行 899998822				密码区	(略)	
货物或应税劳务、服务名称	规格型号	单位	数量	单价	金额	税率	税额
KST 产品		件	320	500.00	160 000.00	16%	25 600.00
合计					￥160 000.00		￥25 600.00
价税合计(大写)	⊗壹拾捌万伍仟陆佰元整				(小写)￥185 600.00		
销售方	名称:川东福来有限责任公司 纳税人识别号:510321321000888 地址、电话:南岭市机场路 16 号 0461-65265888 开户行及账号:工行南岭机场支行 895465006				备注	川东福来有限责任公司 510321321000888 发票专用章	

收款人:张敏 复核: 开票人:刘丽 销售方:(章)

第一联:记账联 销售方记账凭证

表 2-55

川东福来有限责任公司产品销售发货单

购货单位:银川丽华有限责任公司 2018 年 6 月 22 日 编号:2018001213

品种	规格	单位	数量	单价	金额	备注
KST 产品		件	320	580.00	185 600.00	发票号码 00945556 款未收

销售负责人:张军 发货人:刘明 提货人: 制单:李磊

第二联:记账联

表 2-56　　　　中国工商银行**进账单**（收账通知）　　　　**3**

2018 年 06 月 22 日

<table>
<tr><td rowspan="3">出票人</td><td>全　称</td><td>银川丽华有限责任公司</td><td rowspan="3">收款人</td><td>全　称</td><td colspan="10">川东福来有限责任公司</td></tr>
<tr><td>账　号</td><td>899998822</td><td>账　号</td><td colspan="10">895465006</td></tr>
<tr><td>开户银行</td><td>工行银川黄河支行</td><td>开户银行</td><td colspan="10">工行南岭机场支行</td></tr>
<tr><td rowspan="2">金额</td><td colspan="4" rowspan="2">人民币（大写）壹拾捌万伍仟陆佰元整</td><td>千</td><td>百</td><td>十</td><td>万</td><td>千</td><td>百</td><td>十</td><td>元</td><td>角</td><td>分</td></tr>
<tr><td></td><td>¥</td><td>1</td><td>8</td><td>5</td><td>6</td><td>0</td><td>0</td><td>0</td><td>0</td></tr>
<tr><td>票据种类</td><td>银行汇票</td><td>票据张数</td><td>1</td><td colspan="11" rowspan="3">中国工商银行南岭机场支行
2018.06.22
业务专用章
收款人开户银行签章</td></tr>
<tr><td>票据号码</td><td colspan="3">1002003420139059</td></tr>
<tr><td colspan="4">复核：　　　　记账：</td></tr>
</table>

此联是收款人开户银行交收款人的收账通知

（13）2018 年 6 月 22 日，开出转账支票进行捐款，如表 2-57 和表 2-58 所示。

表 2-57（正面）　　　　**转账支票存根**

中国工商银行
转账支票存根
10203320
02236510

附加信息

出票日期：2018 年 6 月 22 日

收款人：南岭市慈善总会
金　额：¥5 000.00
用　途：捐款

单位主管：　　会计：

表 2-57（背面）

根据《中华人民共和国票据法》等法律、法规的规定，签发空头支票由中国人民银行处以票面金额 5%但不低于 1 000 元的罚款。

表 2-58　　公益事业捐赠统一票据(141)

UNIFIFD INVOICE OF DONATION FOR PUBLIC WELFARE

捐赠人:川东福来有限责任公司　　2018 年 6 月 22 日　　№1402225644

Donor　　Y　M　D

捐赠项目 For purpose	实物(外币)种类 Material Objects(Currency)	数　量 Amount	金 额 Total amount
00800414 捐赠收入	元	1	5 000.00
390701 市慈善总会(本级)			
金额合计(小写)In Figures	5 000.00		
金额合计(大写)In Words		伍仟元整	

南岭市慈善总会财务专用章

第二联:收据

接收单位(盖章) Receiver's Seal　　复核人: Verified by　　开票人:赵　明 Handling Person

感谢您对公益事业的支持! Thank you for support of public welfare!

注:本票据在 2018 年 12 月前填开使用方为有效。

(14) 2018 年 6 月 24 日,购入乙材料,如表 2-59 和表 2-60 所示。

表 2-59　　河南增值税专用发票

4100182130　　　　№10948896

发　票　联　　开票日期:2018 年 06 月 24 日

购买方	名　　称:川东福来有限责任公司 纳税人识别号:510321321000888 地 址 、电 话:南岭市机场路 16 号　0461-65265888 开户行及账号:工行南岭机场支行　895465006				密码区	(略)	
货物或应税劳务、服务名称	规格型号	单位	数量	单价	金额	税率	税额
乙材料		件	100	300.00	30 000.00	16%	4 800.00
合计					￥30 000.00		￥4 800.00
价税合计(大写)	⊗叁万肆仟捌佰元整				(小写)￥34 800.00		
销售方	名　　称:呼市昌达有限责任公司 纳税人识别号:410991321055558 地 址 、电 话:呼市前进路 3 号　0316-65265333 开户行及账号:建行呼市前进支行　456399988				备注	呼市昌达有限责任公司 410991321055558 发票专用章	

第三联:发票联　购买方记账凭证

税总函[2018]102 号　海南华森实业公司

收款人:　　复核:　　开票人:张丽　　销售方:(章)

表 2-60　　4100182130

河南增值税专用发票

抵扣联

No10948896

开票日期：2018 年 06 月 24 日

<table>
<tr><td rowspan="4">购买方</td><td colspan="4">名　　称：川东福来有限责任公司</td><td rowspan="4">密码区</td><td colspan="3" rowspan="4">（略）</td></tr>
<tr><td colspan="4">纳税人识别号：510321321000888</td></tr>
<tr><td colspan="4">地 址 、电 话：南岭市机场路 16 号　0461-65265888</td></tr>
<tr><td colspan="4">开户行及账号：工行南岭机场支行　895465006</td></tr>
<tr><td colspan="2">货物或应税劳务、服务名称</td><td>规格型号</td><td>单位</td><td>数量</td><td>单价</td><td>金额</td><td>税率</td><td>税额</td></tr>
<tr><td colspan="2">乙材料</td><td></td><td>件</td><td>100</td><td>300.00</td><td>30 000.00</td><td>16%</td><td>4 800.00</td></tr>
<tr><td colspan="2">合计</td><td></td><td></td><td></td><td></td><td>￥30 000.00</td><td></td><td>￥4 800.00</td></tr>
<tr><td colspan="2">价税合计（大写）</td><td colspan="5">⊗叁万肆仟捌佰元整</td><td colspan="2">（小写）￥34 800.00</td></tr>
<tr><td rowspan="4">销售方</td><td colspan="4">名　　称：呼市昌达有限责任公司</td><td rowspan="4">备注</td><td colspan="3" rowspan="4"></td></tr>
<tr><td colspan="4">纳税人识别号：410991321055558</td></tr>
<tr><td colspan="4">地 址 、电 话：呼市前进路 3 号　0316-65265333</td></tr>
<tr><td colspan="4">开户行及账号：建行呼市前进支行　456399988</td></tr>
</table>

收款人：　　复核：　　开票人：张丽　　销售方：（章）

税总函[2018]102 号　海南华森实业公司

第二联：抵扣联　购买方扣税凭证

(15) 2018 年 6 月 25 日，收到银行收账通知系前欠货款，如表 2-61 所示。

表 2-61　　中国工商银行**进账单**（收账通知）　　3

2018 年 06 月 25 日

<table>
<tr><td rowspan="3">出票人</td><td>全　称</td><td colspan="3">南岭振兴有限责任公司</td><td rowspan="3">收款人</td><td>全　称</td><td colspan="10">川东福来有限责任公司</td></tr>
<tr><td>账　号</td><td colspan="3">63612696666</td><td>账　号</td><td colspan="10">895465006</td></tr>
<tr><td>开户银行</td><td colspan="3">中国建设银行南岭胜利支行</td><td>开户银行</td><td colspan="10">中国工商银行南岭机场支行</td></tr>
<tr><td rowspan="2">金额</td><td colspan="6" rowspan="2">人民币（大写）壹拾捌万玖仟元整</td><td>千</td><td>百</td><td>十</td><td>万</td><td>千</td><td>百</td><td>十</td><td>元</td><td>角</td><td>分</td></tr>
<tr><td></td><td>￥</td><td>1</td><td>8</td><td>9</td><td>0</td><td>0</td><td>0</td><td>0</td><td>0</td></tr>
<tr><td>票据种类</td><td>转账支票</td><td>票据张数</td><td>1</td><td colspan="13" rowspan="3">收款人开户银行签章</td></tr>
<tr><td>票据号码</td><td colspan="3">1020332002235558</td></tr>
<tr><td colspan="4">复核：　　记账：</td></tr>
</table>

此联是收款人开户银行交收款人的收账通知

(16) 2018 年 6 月 30 日，公司本月领用的材料汇总，如表 2-62～表 2-71 所示。

表 2-62

领料汇总表

2018 年 6 月 30 日

用途＼项目	甲材料			乙材料			丙材料			合计
	数量/千克	单价/（元/千克）	金额/元	数量/件	单价/（元/件）	金额/元	数量/千克	单价/（元/千克）	金额/元	金额/元
生产 ABC 产品	500	10.00	5 000.00	600	300.00	180 000.00				185 000.00
生产 KST 产品	900	10.00	9 000.00	800	300.00	240 000.00	900	50.00	45 000.00	294 000.00
车间一般耗用							30	50.00	1 500.00	1 500.00
厂部一般耗用							10	50.00	500.00	500.00
合计	1 400		14 000.00	1 400		420 000.00	940		47 000.00	481 000.00

复核：王丽英　　　　制表：刘婷婷

表 2-63

领　料　单

字第 0786 号

领料部门：生产车间　　2018 年 6 月 3 日

品　名	规格型号	单　位	数　量		单　价	金　额
			请　领	实　领		
甲材料		千克	300	300		
备　注	生产 ABC 产品					

领料部门负责人：　　领料人：王海平　　会计：　　发料人：刘强

表 2-64

领　料　单

字第 0787 号

领料部门：生产车间　　2018 年 6 月 5 日

品　名	规格型号	单　位	数　量		单　价	金　额
			请　领	实　领		
甲材料		千克	400	400		
备　注	生产 KST 产品					

领料部门负责人：　　领料人：张军　　会计：　　发料人：刘强

表 2-65

领　料　单

字第 0788 号

领料部门：生产车间　　2018 年 6 月 13 日

品　名	规格型号	单　位	数　量		单　价	金　额
			请　领	实　领		
乙材料		件	600	600		
备　注	生产 ABC 产品					

领料部门负责人：　　领料人：王海平　　会计：　　发料人：刘强

表 2-66

领　料　单

字第 0789 号

领料部门:生产车间　　　2018 年 6 月 15 日

品　名	规格型号	单　位	数　量		单　价	金　额
			请　领	实　领		
甲材料		千克	500	500		
备　注	生产 KST 产品					

领料部门负责人:　　领料人:张军　　会计:　　发料人:刘强

表 2-67

领　料　单

字第 0790 号

领料部门:生产车间　　　2018 年 6 月 18 日

品　名	规格型号	单　位	数　量		单　价	金　额
			请　领	实　领		
甲材料		千克	200	200		
备　注	生产 ABC 产品					

领料部门负责人:　　领料人:王海平　　会计:　　发料人:刘强

表 2-68

领　料　单

字第 0791 号

领料部门:生产车间　　　2018 年 6 月 25 日

品　名	规格型号	单　位	数　量		单　价	金　额
			请　领	实　领		
乙材料		件	800	800		
备　注	生产 KST 产品					

领料部门负责人:　　领料人:张军　　会计:　　发料人:刘强

表 2-69

领　料　单

字第 0792 号

领料部门:生产车间　　　2018 年 6 月 25 日

品　名	规格型号	单　位	数　量		单　价	金　额
			请　领	实　领		
丙材料		千克	900	900		
备　注	生产 KST 产品					

领料部门负责人:　　领料人:张军　　会计:　　发料人:刘强

表 2-70

领　料　单

字第 0793 号

领料部门:生产车间　　　　2018 年 6 月 25 日

品　名	规格型号	单　位	数　量		单　价	金　额
			请　领	实　领		
丙材料		千克	30	30		
备　注	一般耗用					

领料部门负责人:　　　　领料人:张丽　　　　会计:　　　　发料人:刘强

表 2-71

领　料　单

字第 0794 号

领料部门:厂部　　　　2018 年 6 月 28 日

品　名	规格型号	单　位	数　量		单　价	金　额
			请　领	实　领		
丙材料		千克	10	10		
备　注	一般耗用					

领料部门负责人:　　　　领料人:王增平　　　　会计:　　　　发料人:刘强

(17) 2018 年 6 月 30 日,计提本月固定资产折旧,如表 2-72 所示。

表 2-72

固定资产折旧计算表

2018 年 6 月 30 日　　　　单位:元

使用部门		原值	月折旧率/%	折旧额
生产车间	房屋	500 000.00	0.5	2 500.00
	设备	600 000.00	2	12 000.00
	合计	1 100 000.00		14 500.00
管理部门	房屋	200 000.00	0.5	1 000.00
	设备	75 000.00	2	1 500.00
	合计	275 000.00		2 500.00
合计		1 375 000.00		17 000.00

复核:王丽英　　　　制表:刘婷婷

（18）2018 年 6 月 30 日，计提本月短期借款 500 000 元的利息，年利率 6%，如表 2-73 所示。

表 2-73

银行借款利息计提表

2018 年 6 月 30 日　　　　单位：元

贷款项目(名称)	金额	月利率	应提利息
车产周转用	500 000.00	0.5%	2 500.00
合　　计			￥2 500.00

复核：王丽英　　　　制表：周敏

（19）2018 年 6 月 30 日，计算分配本月工资，如表 2-74 所示。

表 2-74

工资费用分配表

2018 年 6 月 30 日　　　　单位：元

车间、部门		应分配金额
车间生产人员工资	ABC 产品	65 624.00
	KST 产品	80 256.00
车间管理人员		12 000.00
厂部管理人员		22 000.00
合　计		179 880.00

主管：张强　　　　复核：王丽英　　　　制表：刘婷婷

（20）2018 年 6 月 30 日，按生产工时比例分配本月制造费用，其中 ABC 产品生产工时为 6 000 小时，KST 产品生产工时为 8 000 小时，如表 2-75 所示。

表 2-75

制造费用分配表

2018 年 6 月 30 日

品种	分配标准 （生产工时）	分配率	分配金额/元
ABC 产品	6 000		12 000.00
KST 产品	8 000		16 000.00
合计	14 000	2.00	28 000.00

复核：王丽英　　　　制表：刘婷婷

（21）2018 年 6 月 30 日，本月生产的 ABC 产品 8 000 件全部完工，KST 产品 1 500 件全部完工，结转本月完工产品成本，月初无在产品，如表 2-76～表 2-79 所示。

表 2-76

完工产品成本计算表

2018 年 6 月 30 日　　单位:元

成本项目	ABC 产品(8 000 件)		KST 产品(1 500 件)	
	总成本	单位成本	总成本	单位成本
直接材料	185 000.00	23.125	294 000.00	196.000
直接人工	65 624.00	8.203	80 256.00	53.504
制造费用	12 000.00	1.500	16 000.00	10.667
合计	262 624.00	32.828	390 256.00	260.171

复核:王丽英　　制表:刘婷婷

表 2-77

产品入库汇总表

2018 年 6 月

产品编号	产品名称	计量单位	实收数量	单位成本	总成本	备　注
	ABC 产品	件	8 000	32.828	262 624.00	
	KST 产品	件	1 500	260.171	390 256.00	
合　　计						

会计主管:　　复核:王丽英　　制表:刘婷婷

表 2-78

产成品交库单

第 20352 号

交库部门:生产车间　　2018 年 6 月 30 日　　产成品库:成品库

类别	编号	名称及规格	计量单位	实收数量	单位成本	总成本
		ABC 产品	件	8 000		

②财务记账联

检验:李丽　　保管:王明

表 2-79

产成品交库单

第 20353 号

交库部门:生产车间　　2018 年 6 月 30 日　　产成品库:成品库

类别	编号	名称及规格	计量单位	实收数量	单位成本	总成本
		KST 产品	件	1 500		

②财务记账联

检验:李丽　　保管:王明

(22) 2018 年 6 月 30 日，结转本月已销产品成本，如表 2-80～表 2-82 所示。

表 2-80

产品销售成本计算表

2018 年 6 月 30 日　　单位：元

产品名称	期初结存			本期完工入库			本期销售		
	数量/件	单位成本	总成本	数量/件	单位成本	总成本	数量/件	单位成本	总成本
ABC	1 000	32.828	32 828.00	8 000	32.828	262 624.00	500	32.828	16 414.00
KST				1 500	260.171	390 256.00	320	260.171	83 254.72
合计			￥32 828.00			￥652 880.00			￥99 668.72

复核：王丽英　　制表：刘婷婷

表 2-81

出　库　单

第 10367 号

购货单位：宁波顺康有限责任公司　　2018 年 6 月 9 日

名称及规格	单位	数量	单价	金额	发票号
ABC	件	500			00945555
合 计					
备注		结算方式	款未收	运输方式	自提

③财务记账联

主管：　　发货：　　制单：王明

表 2-82

出　库　单

第 10368 号

购货单位：银川丽华有限责任公司　　2018 年 6 月 22 日

名称及规格	单位	数量	单价	金额	发票号
KST	件	320			00945556
合 计					
备注		结算方式	银行汇票	运输方式	自提

③财务记账联

主管：　　发货：　　制单：王明

(23) 2018 年 6 月 30 日，将“应交税费——应交增值税”账户余额转入“应交税费——未交增值税”。

(24) 2018 年 6 月 30 日，按 7％的税率计算本月应交的城市维护建设税，按 3％的征收率计算本月应交的教育费附加，如表 2-83 所示。

表 2-83

城市维护建设税及教育费附加计算表

2018 年 6 月 30 日　　单位：元

项　　目	计税依据	税率(或征收率)	金额
城市维护建设税			
教育费附加			
合计			

复核：　　制表：

(25) 2018 年 6 月 30 日，将各损益类账户的余额结转“本年利润”账户。

(26) 2018 年 6 月 30 日，按 25%的所得税税率计算本月应交企业所得税，如表 2-84 所示。

表 2-84

企业所得税计算表

2018 年 6 月 30 日　　单位：元

项　　目	金　　额
本月利润总额	
企业所得税税率	
企业本月应交所得税	

复核：　　制表：

(26) 2018 年 6 月 30 日，将“所得税费用”结转“本年利润”账户。

实训七　科目汇总表的编制

一、实训目的

通过实训，使同学们理解掌握科目汇总表的编制方法，能熟练编制科目汇总表，为掌握科目汇总表账务处理程序打好基础。

二、实训准备

整理好实训六资料 2 的记账凭证，科目汇总表 3 张，需自己准备。

三、实训资料及要求

根据实训六资料 2 的记账凭证按旬编制科目汇总表。

实训八　账簿的启用与建立

一、实训目的

通过实训，使同学们能正确填写账簿启用及交接表，掌握日记账、总分类账和明细账等会计账簿在不同时点的建账方法，能熟练建账。

二、实训准备

账簿启用及交接表，资料中已有。现金日记账 1 张、银行存款日记账 2 张、总分类账 5 张、三栏式明细账 8 张、数量金额式明细账 2 张、多栏式生产成本明细账 2 张、多栏式制造费用明细账 1 张、应交增值税明细账 1 张，需自己准备。

三、实训资料及要求

（1）企业概况。

企业名称：包头远达电器有限公司（增值税一般纳税人）　公司法人：李明

开户银行：工行包头分行　账号：78962134　纳税人识别号：150064123045001

会计主管：沈姗姗（负责登记总分类账、编制会计报表）　制单：周丹

出纳：刘亚兰（负责登记日记账、办理款项收付业务）

会计一：顾晓茵（负责登记其他明细账）

会计二：任艳（负责复核记账凭证）

主要产品：甲产品、乙产品　主要材料：A 材料、B 材料

主要部门：生产车间、厂办、财务部、生产部、销售部、供应部

（2）2018 年 1 月 1 日包头远达电器有限公司启用现金日记账账簿（共 100 页），2016 年 4 月 15 日，出纳刘亚兰休假将该账簿交由余芳芳记账。根据所给资料填写账簿启用及交接表，空白账簿启用表如表 2-85 所示。

表 2-85　**账簿启用与交接表**

<table>
<tr><td colspan="2">单位名称</td><td colspan="6"></td><td colspan="3">印鉴</td></tr>
<tr><td colspan="2">账簿名称</td><td colspan="6">（第　册）</td><td colspan="3" rowspan="4"></td></tr>
<tr><td colspan="2">账簿编号</td><td colspan="6"></td></tr>
<tr><td colspan="2">账簿页数</td><td colspan="6">本账簿共计　　页（本账簿页数
检点人盖章　　）</td></tr>
<tr><td colspan="2">启用日期</td><td colspan="6">公元　　年　月　日</td></tr>
<tr><td rowspan="3">经管人员</td><td colspan="2">单位主管</td><td colspan="2">财务主管</td><td colspan="3">复核</td><td colspan="3">记账</td></tr>
<tr><td>姓名</td><td>盖章</td><td>姓名</td><td>盖章</td><td>姓名</td><td colspan="2">盖章</td><td>姓名</td><td colspan="2">盖章</td></tr>
<tr><td></td><td></td><td></td><td></td><td></td><td colspan="2"></td><td></td><td colspan="2"></td></tr>
<tr><td rowspan="6">接交记录</td><td colspan="2">经管人员</td><td colspan="4">接管</td><td colspan="4">交出</td></tr>
<tr><td>职别</td><td>姓名</td><td>年</td><td>月</td><td>日</td><td>盖章</td><td>年</td><td>月</td><td>日</td><td>盖章</td></tr>
<tr><td></td><td></td><td></td><td></td><td></td><td></td><td></td><td></td><td></td><td></td></tr>
<tr><td></td><td></td><td></td><td></td><td></td><td></td><td></td><td></td><td></td><td></td></tr>
<tr><td></td><td></td><td></td><td></td><td></td><td></td><td></td><td></td><td></td><td></td></tr>
<tr><td></td><td></td><td></td><td></td><td></td><td></td><td></td><td></td><td></td><td></td></tr>
<tr><td>印花税票</td><td></td><td>备注</td><td colspan="8"></td></tr>
</table>

（3）包头远达电器有限公司 2017 年 12 月 31 日部分账户的期末余额如表 2-86 所示。

表 2-86

部分账户的期末余额

2017 年 12 月 31 日　　单位:元

账户名称	借方余额	贷方余额
库存现金	5 600.00	
银行存款	321 000.00	
应收账款	68 640.00	
——东海公司	28 000.00	
——顺达公司	40 640.00	
应付账款		68 640.00
——红星公司		12 640.00
——华胜商厦		56 000.00
原材料	400 000.00	
——A 材料	数量 2 000 千克,单价 50 元/千克,金额 100 000.00 元	
——B 材料	数量 3 000 千克,单价 100 元/千克,金额 300 000.00 元	
生产成本——甲产品	直接材料 32 640.00 元,直接人工 9 000.00 元,制造费用 1 200.00 元	
应交税费		21 064.00
——应交企业所得税		11 714.00
——未交增值税		8 500.00
——应交城建税		595.00
——应交教育费附加		255.00

注:假定购入、发出材料的单价同期初余额。

要求:根据所给资料建立 2018 年年初的现金日记账、银行存款日记账、应收账款明细账、应付账款明细账、原材料明细账、生产成本明细账、应交税费明细账、库存现金总账、银行存款总账、应收账款总账、原材料总账。

（4）包头远达电器有限公司 2018 年 9 月 8 日银行存款账户期末借方余额 650 023.49 元，9 月 1～8 日借方发生额 2 502 310.00 元,贷方发生额 3 201 746.59 元,第一册已用完,现在启用第二册。

要求:建立银行存款日记账。

实训九　日记账、明细分类账和总分类账的登记

一、实训目的

通过实训，使同学们理解掌握日记账、明细账、总分类账的登记方法，能熟练登记日记账、明细账、总分类账，并掌握总分类账和所属明细分类账之间的关系。

二、实训准备

所需账页接实训八继续使用。

三、实训资料及要求

包头远达电器有限公司 2018 年 1 月审核后与所登记账页有关的记账凭证如表 2-87～表 2-109 所示。

要求：

（1）出纳刘亚兰根据公司 2018 年 1 月审核后的记账凭证逐日逐笔登记现金日记账、银行存款日记账。

（2）会计顾晓茵登记应收账款明细账、应付账款明细账、原材料明细账、生产成本明细账、应交税费明细账、管理费用明细账。

（3）会计主管根据记账凭证登记库存现金总账、应收账款总账、原材料总账。

（4）分析库存现金总账、应收账款总账、原材料总账和其所属的明细账之间的关系，体会总账和明细账的平行登记。

表 2-87

付款凭证

贷方科目：库存现金　　　　2018 年 1 月 4 日　　　　（现付）字第 1 号

摘　要	借方科目		金　额									√
	总账科目	明细科目	百	十	万	千	百	十	元	角	分	
办公室购办公用品	管理费用	办公费					7	9	0	0	0	
	应交税费	应交增值税（进项税额）					1	2	6	4	0	
合 计 金 额						¥	9	1	6	4	0	

附单据贰张

会计主管：　　记账：　　出纳：　　审核：任艳　　制单：周丹

表 2-88

付款凭证

贷方科目:库存现金　　　　2018 年 1 月 5 日　　　　(现付)字第 2 号

摘　　要	借方科目		金　　额									√
	总账科目	明细科目	百	十	万	千	百	十	元	角	分	
周涛预借差旅费	其他应收款	周涛				2	0	0	0	0	0	
合 计 金 额					¥	2	0	0	0	0	0	

附单据壹张

会计主管:　　记账:　　出纳:　　审核:任艳　　制单:周丹

表 2-89

收款凭证

借方科目:银行存款　　　　2018 年 1 月 6 日　　　　(银收)字第 1 号

摘　　要	贷方科目		金　　额									√
	总账科目	明细科目	百	十	万	千	百	十	元	角	分	
收回东海公司前欠款	应收账款	东海公司			1	7	0	0	0	0	0	
合 计 金 额				¥	1	7	0	0	0	0	0	

附单据壹张

会计主管:　　记账:　　出纳:　　审核:任艳　　制单:周丹

表 2-90

付款凭证

贷方科目:银行存款　　　　2018 年 1 月 6 日　　　　(银付)字第 1 号

摘　　要	借方科目		金　　额									√
	总账科目	明细科目	百	十	万	千	百	十	元	角	分	
购买材料	原材料	A 材料		2	0	0	0	0	0	0	0	
	应交税费	应交增值税(进项税额)			3	2	0	0	0	0	0	
合 计 金 额			¥	2	3	2	0	0	0	0	0	

附单据叁张

会计主管:　　记账:　　出纳:　　审核:任艳　　制单:周丹

表 2-91

付 款 凭 证

贷方科目:银行存款　　　　2018 年 1 月 9 日　　　　(银付)字第 2 号

摘　要	借方科目		金额									√
	总账科目	明细科目	百	十	万	千	百	十	元	角	分	
支付电话费	管理费用	办公费					8	5	0	0	0	
	应交税费	应交增值税(进项税额)					1	3	6	0	0	
合计金额						¥	9	8	6	0	0	

附单据贰张

会计主管:　　记账:　　出纳:　　审核:任艳　　制单:周丹

表 2-92

付 款 凭 证

贷方科目:银行存款　　　　2018 年 1 月 9 日　　　　(银付)字第 3 号

摘　要	借方科目		金额									√
	总账科目	明细科目	百	十	万	千	百	十	元	角	分	
还欠华胜商厦货款	应付账款	华胜商厦			2	0	0	0	0	0	0	
合计金额				¥	2	0	0	0	0	0	0	

附单据壹张

会计主管:　　记账:　　出纳:　　审核:任艳　　制单:周丹

表 2-93

收 款 凭 证

借方科目:银行存款　　　　2018 年 1 月 13 日　　　　(银收)字第 2 号

摘　要	贷方科目		金额									√
	总账科目	明细科目	百	十	万	千	百	十	元	角	分	
收到甲产品销货款	主营业务收入	甲产品		5	0	0	0	0	0	0	0	
	应交税费	应交增值税(销项税额)			8	0	0	0	0	0	0	
合计金额			¥	5	8	0	0	0	0	0	0	

附单据贰张

会计主管:　　记账:　　出纳:　　审核:任艳　　制单:周丹

表 2-94

付 款 凭 证

贷方科目：银行存款　　　　2018 年 1 月 16 日　　　　（银付）字第 4 号

摘　　要	借方科目		金　　额									√
	总账科目	明细科目	百	十	万	千	百	十	元	角	分	
缴纳税费	应交税费	应交企业所得税			1	1	7	1	4	0	0	
		未交增值税				8	5	0	0	0	0	
		应交城建税					5	9	5	0	0	
		应交教育费附加					2	5	5	0	0	
合 计 金 额				¥	2	1	0	6	4	0	0	

附单据肆张

会计主管：　　记账：　　出纳：　　审核：任艳　　制单：周丹

表 2-95

付 款 凭 证

贷方科目：银行存款　　　　2018 年 1 月 19 日　　　　（银付）字第 5 号

摘　　要	借方科目		金　　额									√
	总账科目	明细科目	百	十	万	千	百	十	元	角	分	
还欠红星公司货款	应付账款	红星公司			1	2	6	4	0	0	0	
合 计 金 额				¥	1	2	6	4	0	0	0	

附单据壹张

会计主管：　　记账：　　出纳：　　审核：任艳　　制单：周丹

表 2-96

收 款 凭 证

借方科目：库存现金　　　　2018 年 1 月 19 日　　　　（现收）字第 1 号

摘　　要	贷方科目		金　　额									√
	总账科目	明细科目	百	十	万	千	百	十	元	角	分	
周涛退多借款	其他应收款	周涛					3	0	0	0	0	
合 计 金 额						¥	3	0	0	0	0	

附单据壹张

会计主管：　　记账：　　出纳：　　审核：任艳　　制单：周丹

表 2-97

转账凭证

2018 年 1 月 19 日　　　　转字第 18 号

摘要	会计科目		借方金额									贷方金额									√
	总账科目	明细科目	百	十	万	千	百	十	元	角	分	百	十	万	千	百	十	元	角	分	
周涛报差旅费	管理费用	差旅费				1	7	0	0	0	0										
	其他应收款	周涛													1	7	0	0	0	0	
附凭证 壹 张	合 计 金 额				¥	1	7	0	0	0	0			¥	1	7	0	0	0	0	

会计主管：　　记账：　　审核：任艳　　制单：周丹

表 2-98

付款凭证

贷方科目：银行存款　　2018 年 1 月 19 日　　（银付）字第 6 号

摘要	借方科目		金额									√
	总账科目	明细科目	百	十	万	千	百	十	元	角	分	
支付维修费	管理费用	修理费				1	6	8	0	0	0	
合 计 金 额					¥	1	6	8	0	0	0	

附单据贰张

会计主管：　　记账：　　出纳：　　审核：任艳　　制单：周丹

表 2-99

转账凭证

2018 年 1 月 20 日　　　　转字第 25 号

摘要	会计科目		借方金额									贷方金额									√
	总账科目	明细科目	百	十	万	千	百	十	元	角	分	百	十	万	千	百	十	元	角	分	
购买材料	原材料	B 材料		1	0	0	0	0	0	0	0										
	应交税费	应交增值税(进项税额)			1	6	0	0	0	0	0										
	应付账款	海源公司											1	1	6	0	0	0	0	0	
附凭证 贰 张	合 计 金 额		¥	1	1	6	0	0	0	0	0	¥	1	1	6	0	0	0	0	0	

会计主管：　　记账：　　审核：任艳　　制单：周丹

注：收料单上体现 B 材料数量 1 000 千克，单价 100 元/千克，金额 100 000.00 元。

表 2-100

转账凭证

2018 年 1 月 21 日　　转字第 29 号

摘要	会计科目		借方金额									贷方金额									√
	总账科目	明细科目	百	十	万	千	百	十	元	角	分	百	十	万	千	百	十	元	角	分	
销售商品	应收账款	兴源公司			4	6	4	0	0	0	0										
	主营业务收入	乙产品												4	0	0	0	0	0	0	
	应交税费	应交增值税(销项税额)													6	4	0	0	0	0	
附凭证 壹 张	合 计 金 额			¥	4	6	4	0	0	0	0		¥	4	6	4	0	0	0	0	

会计主管：　　记账：　　审核：任艳　　制单：周丹

表 2-101

转账凭证

2018 年 1 月 31 日　　转字第 43 号

摘要	会计科目		借方金额									贷方金额									√
	总账科目	明细科目	百	十	万	千	百	十	元	角	分	百	十	万	千	百	十	元	角	分	
生产领料	生产成本	甲产品		1	5	6	0	0	0	0	0										
		乙产品		2	4	2	0	0	0	0	0										
	原材料	A 材料											1	5	8	0	0	0	0	0	
		B 材料											2	4	0	0	0	0	0	0	
附凭证 壹 张	合 计 金 额		¥	3	9	8	0	0	0	0	0	¥	3	9	8	0	0	0	0	0	

会计主管：　　记账：　　审核：任艳　　制单：周丹

注：附领料表上体现领用 A 材料 3 160 千克，单价 50 元/千克，金额 158 000 元；领用 B 材料 2 400 千克，单价 100 元/千克，金额 240 000 元。

表 2-102

转账凭证

2018 年 1 月 31 日　　转字第 44 $\frac{1}{2}$ 号

摘要	会计科目		借方金额									贷方金额									√
	总账科目	明细科目	百	十	万	千	百	十	元	角	分	百	十	万	千	百	十	元	角	分	
分配工资	生产成本	甲产品			2	9	3	2	0	0	0										
		乙产品			3	0	0	0	0	0	0										
	制造费用	生产车间				6	0	0	0	0	0										
	管理费用	薪酬			1	0	0	0	0	0	0										
附凭证 壹 张	合 计 金 额																				

会计主管：　　记账：　　审核：任艳　　制单：周丹

表 2-103

转 账 凭 证

2018 年 1 月 31 日　　　　转字第 44 $\frac{2}{2}$ 号

摘要	会计科目		借方金额									贷方金额									√
	总账科目	明细科目	百	十	万	千	百	十	元	角	分	百	十	万	千	百	十	元	角	分	
	应付职工薪酬	工资												7	5	3	2	0	0	0	
附凭证 壹 张	合 计 金 额			¥	7	5	3	2	0	0	0		¥	7	5	3	2	0	0	0	

会计主管：　　　记账：　　　审核：任艳　　　制单：周丹

表 2-104

转 账 凭 证

2018 年 1 月 31 日　　　　转字第 45 号

摘要	会计科目		借方金额									贷方金额									√
	总账科目	明细科目	百	十	万	千	百	十	元	角	分	百	十	万	千	百	十	元	角	分	
计提折旧	管理费用	折旧费				1	6	5	0	0	0										
	制造费用	生产车间				4	4	0	0	0	0										
	累计折旧														6	0	5	0	0	0	
附凭证 壹 张	合 计 金 额				¥	6	0	5	0	0	0			¥	6	0	5	0	0	0	

会计主管：　　　记账：　　　审核：任艳　　　制单：周丹

表 2-105

转 账 凭 证

2018 年 1 月 31 日　　　　转字第 46 号

摘要	会计科目		借方金额									贷方金额									√
	总账科目	明细科目	百	十	万	千	百	十	元	角	分	百	十	万	千	百	十	元	角	分	
分配制造费用	生产成本	甲产品				5	8	0	0	0	0										
		乙产品				4	6	0	0	0	0										
	制造费用	生产车间												1	0	4	0	0	0	0	
附凭证 壹 张	合 计 金 额			¥	1	0	4	0	0	0	0		¥	1	0	4	0	0	0	0	

会计主管：　　　记账：　　　审核：任艳　　　制单：周丹

表 2-106

转账凭证

2018 年 1 月 31 日　　　　转字第 47 号

摘要	会计科目		借方金额									贷方金额									√
	总账科目	明细科目	百	十	万	千	百	十	元	角	分	百	十	万	千	百	十	元	角	分	
结转完工产品成本	库存商品	甲产品		1	9	1	1	2	0	0	0										
		乙产品		2	7	6	6	0	0	0	0										
	生产成本	甲产品											1	9	1	1	2	0	0	0	
		乙产品											2	7	6	6	0	0	0	0	
附凭证 贰 张	合计金额		¥	4	6	7	7	2	0	0	0	¥	4	6	7	7	2	0	0	0	

会计主管：　　记账：　　审核：任艳　　制单：周丹

注：完工甲产品的直接材料 156 000 元，直接人工 29 320 元，制造费用 5 800 元；乙产品全部完工。

表 2-107

转账凭证

2018 年 1 月 31 日　　　　转字第 48 号

摘要	会计科目		借方金额									贷方金额									√
	总账科目	明细科目	百	十	万	千	百	十	元	角	分	百	十	万	千	百	十	元	角	分	
计算城建税及教育费附加	税金及附加					3	8	1	3	7	6										
	应交税费	应交城建税													2	6	6	9	6	3	
		应交教育费附加													1	1	4	4	1	3	
附凭证 壹 张	合计金额				¥	3	8	1	3	7	6			¥	3	8	1	3	7	6	

会计主管：　　记账：　　审核：任艳　　制单：周丹

表 2-108

转账凭证

2018 年 1 月 31 日　　　　转字第 49 号

摘要	会计科目		借方金额									贷方金额									√
	总账科目	明细科目	百	十	万	千	百	十	元	角	分	百	十	万	千	百	十	元	角	分	
计算所得税	所得税费用				1	0	6	0	0	0	0										
	应交税费	应交企业所得税												1	0	6	0	0	0	0	
附凭证 壹 张	合计金额			¥	1	0	6	0	0	0	0		¥	1	0	6	0	0	0	0	

会计主管：　　记账：　　审核：任艳　　制单：周丹

表 2-109

转 账 凭 证

2018 年 1 月 31 日　　　　转字第 50 号

摘要	会计科目		借方金额									贷方金额									√
	总账科目	明细科目	百	十	万	千	百	十	元	角	分	百	十	万	千	百	十	元	角	分	
结转到本年利润	本年利润				1	6	6	7	0	0	0										
	管理费用													1	6	6	7	0	0	0	
附凭证 壹 张	合 计 金 额			¥	1	6	6	7	0	0	0		¥	1	6	6	7	0	0	0	

会计主管：　　　　记账：　　　　审核：任艳　　　　制单：周丹

实训十　对账、错账更正与结账

一、实训目的

通过实训，使同学们理解掌握对账的方法，熟练掌握错账更正方法的种类、各种错账更正方法应用条件，能对发生的错账选择正确的方法加以更正，理解掌握结账的操作程序。

二、实训准备

整理好实训九的包头远达电器有限公司 2018 年 1 月日记账、部分总分类账及其所属明细分类账。空白的付款凭证 1 张，转账凭证 3 张，需自己准备。

三、实训资料及要求

1. 根据实训九的资料，对包头远达电器有限公司 2018 年 1 月进行账账核对、账证核对，核对无误后进行结账。

2. 红星矿业有限公司 2018 年 12 月其中四笔经济业务的原始凭证、记账凭证及账簿登记情况如表 2-110～表 2-123 所示。

要求：

① 进行账证核对，检查账簿记录是否正确。

② 对查出的错账，说明应采用何种错账更正方法，并进行更正。

③ 对更正后的库存现金日记账进行月结和年结，现金日记账 1～11 月借方发生额 285 000.00元，贷方发生额 293 000.00 元。

(1) 12 月 1 日，开出转账支票，归还前欠光明公司货款，如表 2-110 所示，编制记账凭证如表 2-111 所示，登记账簿如表 2-112～表 2-114 所示。

表 2-110（正面）

转账支票存根

中国工商银行
转账支票存根
10203320
09236000

附加信息

出票日期：2018 年 12 月 1 日

收款人：光明公司
金　额：￥50 000.00
用　途：还前欠货款

单位主管：　　会计：

表 2-111

付 款 凭 证

贷方科目：银行存款　　2018 年 12 月 1 日　　（银付）字第 1 号

摘　要	借方科目		金额									√
	总账科目	明细科目	百	十	万	千	百	十	元	角	分	
还前欠光明公司货款	应付账款	光明公司			5	0	0	0	0	0	0	
合 计 金 额				￥	5	0	0	0	0	0	0	

附单据壹张

会计主管：　　记账：　　出纳：　　审核：王丽　　制单：周娟

表 2-112

银行存款日记账

第 58 页

2018 年		凭证		摘　要	结算凭证		对方科目	借方金额	贷方金额	余额
月	日	字	号		种类	号数				
12	1			期初余额						239 600.00
	1	银收	1	销售乙产品	本票	2568	主营业务收入	150 000.00		389 600.00
	1	银付	1	还欠光明公司款	转支	6000	应付账款		5 000.00	384 600.00

表 2-110(背面)

根据《中华人民共和国票据法》等法律、法规的规定，签发空头支票由中国人民银行处以票面金额 5%但不低于 1 000 元的罚款。

表 2-113

应付账款明细账

二级会计科目：光阳公司

2018年		凭证		摘要	借方								√	贷方								√	借或贷	余额							
月	日	种类	号数		十	万	千	百	十	元	角	分		十	万	千	百	十	元	角	分			十	万	千	百	十	元	角	分
12	1			承前页																			贷	2	5	0	0	0	0	0	0
	1	银付	1	还欠光明公司款											5	0	0	0	0	0	0		贷	2	0	0	0	0	0	0	0

表 2-114

应付账款明细账

二级会计科目：光明公司

2018年		凭证		摘要	借方								√	贷方								√	借或贷	余额							
月	日	种类	号数		十	万	千	百	十	元	角	分		十	万	千	百	十	元	角	分			十	万	千	百	十	元	角	分
12	1			承前页																			贷		5	0	0	0	0	0	0

(2) 12 月 3 日，公司开出商业汇票抵付前欠上海发达公司货款 200 000 元，商业汇票略，编制记账凭证如表 2-115 所示，登记账簿如表 2-116 和表 2-117 所示。

表 2-115

转 账 凭 证

2018 年 12 月 3 日　　　　转字第 4 号

摘　要	会计科目		借方金额									贷方金额									√
	总账科目	明细科目	百	十	万	千	百	十	元	角	分	百	十	万	千	百	十	元	角	分	
商业汇票抵付欠发达公司货款	应付账款	上海发达公司			2	0	0	0	0	0	0										
	应付票据	上海发达公司												2	0	0	0	0	0	0	
附凭证　壹张	合 计 金 额			¥	2	0	0	0	0	0	0		¥	2	0	0	0	0	0	0	

会计主管：　　　记账：　　　审核：王丽　　　制单：周娟

表 2-116

应付账款明细账

二级会计科目：上海发达公司

2018年		凭证		摘要	借方								√	贷方								√	借或贷	余额							
月	日	种类	号数		十	万	千	百	十	元	角	分		十	万	千	百	十	元	角	分			十	万	千	百	十	元	角	分
10	2	转	1	购乙材料款未付										2	0	0	0	0	0	0	0		贷	2	0	0	0	0	0	0	0
12	3	转	4	商业汇票抵前欠货款		2	0	0	0	0	0	0											贷	1	8	0	0	0	0	0	0

表 2-117

应付票据明细账

二级会计科目：上海发达公司

2018年		凭证		摘要	借方								√	贷方								√	借或贷	余额							
月	日	种类	号数		十	万	千	百	十	元	角	分		十	万	千	百	十	元	角	分			十	万	千	百	十	元	角	分
12	3	转	4	商业汇票抵前欠货款											2	0	0	0	0	0	0		贷		2	0	0	0	0	0	0

(3) 12 月 5 日，企业按规定将资本公积 200 000 元转增注册资本，原始凭证略，编制记账凭证如表 2-118 所示，登记账簿如表 2-119 和表 2-120 所示。

表 2-118

转 账 凭 证

2018 年 12 月 5 日　　　　转字第 8 号

摘　要	会计科目		借方金额									贷方金额									√
	总账科目	明细科目	百	十	万	千	百	十	元	角	分	百	十	万	千	百	十	元	角	分	
转增注册资本	实收资本	资本公积转入		2	0	0	0	0	0	0	0										
	资本公积	其他资本公积											2	0	0	0	0	0	0	0	
附凭证 壹 张	合 计 金 额		¥	2	0	0	0	0	0	0	0	¥	2	0	0	0	0	0	0		

会计主管：　　记账：　　出纳：　　审核：王丽　　制单：周娟

表 2-119

实收资本明细账

二级会计科目：资本公积转入

2018年		凭证		摘要	借方								√	贷方								√	借或贷	余额							
月	日	种类	号数		十	万	千	百	十	元	角	分		十	万	千	百	十	元	角	分			十	万	千	百	十	元	角	分
12	1			承前页																			贷	5	0	0	0	0	0	0	0
	5	转	8	转增注册资本	2	0	0	0	0	0	0	0											贷	7	0	0	0	0	0	0	0

表 2-120

资本公积明细账

二级会计科目：其他资本公积

2018年		凭证		摘要	借方								√	贷方								√	借或贷	余额							
月	日	种类	号数		十	万	千	百	十	元	角	分		十	万	千	百	十	元	角	分			十	万	千	百	十	元	角	分
12	1			承前页																			贷	4	5	0	0	0	0	0	0
	5	转	8	转增注册资本										2	0	0	0	0	0	0	0		贷	6	5	0	0	0	0	0	0

（4）12 月 23 日，业务员李军借差旅费 800 元，以现金支付，借款单略，编制记账凭证如表 2-121 所示，登记账簿如表 2-122 和表 2-123 所示。这是企业有关现金的最后一笔业务。

表 2-121

付 款 凭 证

贷方科目：库存现金　　　　2018 年 12 月 23 日　　　　（现付）字第 3 号

摘　要	借方科目		金额									√
	总账科目	明细科目	百	十	万	千	百	十	元	角	分	
李军借差旅费	其他应收款	李军				8	0	0	0	0	0	
合计金额					¥	8	0	0	0	0	0	

附单据壹张

会计主管：　　记账：　　出纳：　　审核：王丽　　制单：周娟

表 2-122

库存现金日记账

2018年		凭证		摘要	借方								贷方								√	余额							
月	日	种类	号数		十	万	千	百	十	元	角	分	十	万	千	百	十	元	角	分		十	万	千	百	十	元	角	分
12	1			承前页																			1	8	0	0	0	0	0
	15	银付	2	提现金备用工资	1	2	3	0	0	0	0	0										1	4	1	0	0	0	0	0
	15	现付	1	发 11 月工资									1	2	3	0	0	0	0	0			1	8	0	0	0	0	0
	23	现付	2	李军借差旅费											8	0	0	0	0	0			1	0	0	0	0	0	0

表 2-123

其他应收款明细账

二级会计科目：李军

2018年		凭证		摘要	借方								√	贷方								√	借或贷	余额							
月	日	种类	号数		十	万	千	百	十	元	角	分		十	万	千	百	十	元	角	分			十	万	千	百	十	元	角	分
12	23	现付	2	李军借差旅费			8	0	0	0	0	0											借			8	0	0	0	0	0

实训十一　银行存款余额调节表的编制

一、实训目的

通过实训,使同学们理解掌握银行存款清查的方法和银行存款余额调节表的编制方法,能熟练编制银行存款余额调节表。

二、实训准备

银行存款余额调节表 2 张,资料中已有。

三、实训资料及要求

1. 禾源建材有限公司 2018 年 4 月 20 日的余额与银行对账单的余额相符,银行存款日记账记录如表 2-124 所示,4 月 21 日至 4 月 30 日的银行对账单如表 2-125 所示。

要求:

(1) 通过对账找出未达账项。

(2) 编制银行存款余额调节表,空白银行存款余额调节表如表 2-126 所示。

表 2-124　　银行存款日记账

开户行:中国工商银行包头市分行营业部　　　　账号:325648972000123

2018 年		凭证		摘　　要	结算凭证		对方科目	借方	贷方	余额
月	日	字	号		种类	号数				
4	21			承前页				1 789 000.00	1 278 000.00	380 500.00
	21	记	68	付购料款	转支	＃3603	材料采购		48 000.00	332 500.00
	21	记	70	偿付货款	转支	＃3604	应付账款		36 800.00	295 700.00
	23	记	73	提现	现支	＃8653	库存现金		4 000.00	291 700.00
	23	记	75	付岭南公司广告费	转支	＃3605	销售费用		36 000.00	255 700.00
	24	记	77	付利息	特转	＃1009	财务费用		1 200.00	254 500.00
	24	记	78	收利息	特转	＃6780	财务费用	500.00		255 000.00
	24	记	79	收昌达公司货款	本票	＃3456	主营业务收入	27 800.00		282 800.00
	25	记	83	付保险费	转支	＃3606	其他应付款		40 000.00	242 800.00
	26	记	84	垫运杂费	转支	＃3607	应收账款		6 000.00	236 800.00
	27	记	85	刘军报销差旅费	现支	＃8654	其他应收款		3 500.00	233 300.00

续表

2018年		凭证		摘要	结算凭证		对方科目	借方	贷方	余额
月	日	字	号		种类	号数				
	27	记	86	收托收款	委收	＃1006	应收账款	18 950.00		252 250.00
	27	记	88	购设备	汇兑	＃2005	固定资产		57 400.00	194 850.00
	27	记	89	预收胜利公司货款	本票	＃8461	预收账款	95 380.00		290 230.00
	28	记	93	李佳购办公用品	转支	＃3608	管理费用		1 600.00	289 630.00
	28	记	94	付报刊费	转支	＃3609	管理费用		3 800.00	284 830.00
	28	记	95	预付货款	转支	＃3610	预付账款		50 000.00	234 830.00
	29	记	96	收回鑫达公司欠款	转支	＃3685	应收账款	17 390.00		252 220.00
	29	记	97	存现			库存现金	2 000.00		254 220.00
	30	记	99	李明借差旅费	现支	＃8655	其他应收款		2 700.00	251 520.00
	30			本月合计				1 951 020.00	1 569 000.00	251 520.00

表 2-125 中国工商银行股份有限公司存款交易明细对账单

账号:325648972000123　币种　人民币(CNY)　　账户类型　单位人民币活期基本存款账户

承前页余额:380 500.00　截止日期:20180430　出账周期　旬

序号	记账日	起息日	交易类型	凭证号数/摘要	借方发生额	贷方发生额	余额	机构/操作员/流水	备注
1	180422	160422	转账支出	＃3603/货款	48 000.00		332 500.00	2745/01/45632	大明有限公司
2	180423	160423	现金支出	＃8653/提现	4 000.00		328 500.00	2732/01/14632	李明
3	180424	160424	转账支出	＃3605/付广告费	36 000.00		292 500.00	2745/01/46879	岭南广告有限公司
4	180424	160424	转账收入	＃3456/收货款		27 800.00	320 300.00	2745/02/47011	浙江昌达有限公司
5	180424	160424	利息支出	＃1009	1 200.00		319 100.00	2745/02/48231	工行包头分行营业部
6	180424	160424	利息收入	＃6780/存款利息		500.00	319 600.00	2745/08/48567	
7	180425	160425	转账支出	＃3604/付货款	36 800.00		282 800.00	2745/08/48896	包头昌源有限公司
8	180427	160427	收托收款	＃1006		18 950.00	301 750.00	2745/08/48975	太原宏达有限公司
9	180427	160427	汇兑支出	＃2005/购设备	57 400.00		244 350.00	2745/21/49587	华中机床有限公司
10	180427	160427	现金支出	＃8654/付差旅费	3 500.00		240 850.00	2732/21/19200	刘军
11	180427	160427	收托收款	＃4509		70 000.00	310 850.00	2745/23/50145	辽宁品都有限公司
12	180427	160427	收到本票	＃8461/预收货款		95 380.00	406 230.00	2745/21/52456	包头胜利有限公司
13	180428	160428	转账支出	＃6789/代付电话费	3 599.00		402 631.00	2745/21/58756	包头电信有限公司
14	180429	160429	转账收入	＃3685/货款		17 390.00	420 021.00	2732/01/29201	包头鑫达有限公司
15	180429	160429	现金收入	存现		2 000.00	422 021.00	2745/01/65600	李明
16	180430	160430	转账支出	＃3607/垫运杂费	6 000.00		416 021.00	2745/05/69500	包头顺达运输公司
17	180430	160430	转账支出	＃8889/代付水费	3 000.00		413 021.00	2745/02/70146	包头供水有限公司

借方合计:199 499.00　贷方合计:232 020.00　本页余额:413 021.00　本月对账单余额:413 021.00

表 2-126

银行存款余额调节表

编制单位：　　　　　　　　　　　　年　月　日　　　　　　　　　　　单位：元

项　　目	金 额	项　　目	金　　额
企业银行存款日记账余额		银行对账单余额	
加:银行已收企业未收		加:企业已收银行未收	
减:银行已付企业未付		减:企业已付银行未付	
调节后余额		调节后余额	

复核人：　　　　　　　　　　　　　　　　　　　制表人：

2. 东方绿色食品有限责任公司 2018 年 11 月的银行存款余额调节表如表 2-127 所示，2018 年 12 月的银行对账单如表 2-128 所示，2018 年 12 月的企业银行日记账账面记录如表 2-129 和表 2-130 所示。

要求：

(1) 核对银行存款找出未达账项。

(2) 根据核对结果编制银行存款余额调节表，空白银行存款余额调节表如表 2-131 所示。

表 2-127

银行存款余额调节表

编制单位：东方绿色食品有限责任公司　　账户：中国农业银行　　编制时间：2018 年 11 月 30 日

项　　目	金 额	项　　目	金　　额
企业银行存款日记账余额	484 574.34	银行对账单余额	709 574.34
加:银行已收,企业未收		加:企业已收,银行未收	
(1) 11-29 托收货款,托收号 0101	100 000.00		
减:银行已付,企业未付		减:企业已付,银行未付	
		(1) 11-28 付购货款,转支号 1235	117 000.00
		(2) 11-29 付前欠款,转支号 1240	8 000.00
调节后的余额	584 574.34	调节后的余额	584 574.34

复核：张军　　　　　　　　　　　　　　制表：孟杰

表 2-128

中国农业银行对账单

单位名称：东方绿色食品有限责任公司

账号：456789188812　　　　　　　　　　　　　　　　　　打印时间：20181231 10:30

2018年		结算凭证		摘要	借方发生额	贷方发生额	余额	柜员
月	日	种类	号数					
12	1			月初余额			709 574.34	01
12	1	现金支票	7562	提现金	6 000.00		703 574.34	01
12	1	转账支票	8105	收到销货款		257 400.00	960 974.34	01
12	1	银行汇票	1282	办理汇票	500 050.50		460 923.84	01
12	2	转账支票	1235	付购货款	117 000.00		343 923.84	01
12	2	其他	3145	收到销货款		7 020.00	350 943.84	01
12	3	转账支票	1240	还前欠款	8 000.00		342 943.84	02
12	4	转账支票	8450	运费	2 000.00		340 943.84	02
12	4	其他	4589	收前欠款		200 000.00	540 943.84	01
12	4	银行承兑	0156	贴现		296 670.00	837 613.84	01
12	5	委托收款	0112	付水费	2 925.00		834 688.84	01
12	8	现金支票	7563	提现	5 000.00		829 688.84	01
12	9	委托收款	0301	商业汇票到期		234 000.00	1 063 688.84	01
12	9	网银	6432	还前欠款	110 015.50		953 673.34	01
12	9	转账支票	8451	付电费	32 000.00		921 673.34	03
12	9	银行汇票	2458	预收货款		100 000.00	1 021 673.34	03
12	9	网银	8987	付加工费	4 680.00		1 016 993.34	03
12	10	网银	6498	还前欠款	150 015.50		866 977.84	09
12	10	银行本票	8901	收到销货款		702 000.00	1 568 977.84	09
12	11	银行汇票	1282	收回多余款		12 000.00	1 580 977.84	02
12	11	托收承付	0321	收到托收款		142 400.00	1 723 377.84	02
12	11	其他	5948	收到前欠款		332 221.20	2 055 599.04	02
12	12	网银	6948	购工作服	17 554.00		2 038 045.04	02
12	12	网银	1232	付购货款	196 807.16		1 841 237.88	02
12	13	其他	0269	交税费	45 793.82		1 795 444.06	02

续表

2018年		结算凭证		摘要	借方发生额	贷方发生额	余额	柜员
月	日	种类	号数					
12	13	其他	5806	交税	105 500.00		1 689 944.06	02
12	16	转账支票	8452	付工程款	260 000.00		1 429 944.06	09
12	16	其他	9654	取得借款		500 000.00	1 929 944.06	09
12	18	网银	1865	购专利	50 010.50		1 879 933.56	09
12	18	网银	7148	付门市装修费	225 004.00		1 654 929.56	09
12	18	转账支票	8453	付报刊费	1 632.00		1 653 297.56	09
12	19	其他	7921	交公积金	38 191.60		1 615 105.96	09
12	20	转账支票	8454	向灾区捐款	5 000.00		1 610 105.96	11
12	20	转账支票	7962	收到投资		1 500 000.00	3 110 105.96	11
12	20	其他	5948	收到前欠款		80 000.00	3 190 105.96	11
12	20	转账支票	8455	补付货款	16 160.00		3 173 945.96	11
12	20	转账支票	8456	付工资	130 570.50		3 043 375.46	11
12	20	网银	7232	付购货款	600 020.50		2 443 354.96	11
12	23	现金支票	7564	提现金	3 000.00		2 440 354.96	11
12	23	网银	3629	付购货款	476 220.50		1 964 134.46	11
12	23	转账支票	8888	收到货款		200 000.00	2 164 134.46	23
12	23	其他	9654	存款利息		1 021.58	2 165 156.04	23
12	23	其他	1921	付电话费	590.00		2 164 566.04	23
12	23	转账支票	8458	购车	173 200.00		1 991 366.04	23
12	23	其他	4256	交购车税	14 803.42		1 976 562.62	09
12	25	其他	5948	收回坏账		5 000.00	1 981 562.62	23
12	27	现金支票	7565	提现金	13 000.00		1 968 562.62	23
12	27	转账支票	8752	收违约款		12 000.00	1 980 562.62	11
12	27	其他	5256	还借款及利息	304 500.00		1 676 062.62	11
12	27	托收承付	0402	收到货款		533 520.00	2 209 582.62	11
12	27	其他	7850	付利息	60 000.00		2 149 582.62	11
12	27	转账支票	9652	收到租金		8 000.00	2 157 582.62	11
12	30	其他	3146	出售固定资产		9 360.00	2 166 942.62	11
12	30	其他	3271	交税	21 038.40		2 145 904.22	11

表 2-129

银行存款日记账

户 名:中国农业银行江北支行

账 号:456789188812

第 58 页

2018 年		凭证字号	摘要	结算凭证		借方	贷方	余额
月	日			种类	号数			
12	1		期初余额					484 574.34
	1	记 2	提现金	现支	7562		6 000.00	478 574.34
	1	记 3	收到销货款	转支	8105	257 400.00		735 974.34
	1	记 5	办理汇票	银行汇票	1282		500 050.50	235 923.84
	2	记 7	收到销货款	其他	3145	7 020.00		242 943.84
	3	记 9	收到托收款	委托收款	0101	100 000.00		342 943.84
	4	记 11	垫付运费	转支	8450		2 000.00	340 943.84
	4	记 12	收前欠款	其他	4589	200 000.00		540 943.84
	4	记 13	贴现	商业汇票	0156	296 670.00		837 613.84
	5	记 15	付水费	委托收款	0112		2 925.00	834 688.84
	8	记 16	付差旅费	现支	7563		5 000.00	829 688.84
	9	记 17	商业汇票到期	委托收款	0301	234 000.00		1 063 688.84
	9	记 18	还前欠款	网银	6432		110 015.50	953 673.34
	9	记 21	付电费	转支	8451		32 000.00	921 673.34
	9	记 22	预收货款	银行汇票	2458	100 000.00		1 021 673.34
	9	记 24	付加工费	网银	8987		4 680.00	1 016 993.34
	10	记 26	还前欠款	网银	6498		150 015.50	866 977.84
	10	记 27	收到销货款	银行本票	8901	702 000.00		1 568 977.84
	11	记 28	收回多余款	银行汇票	1282	12 000.00		1 580 977.84
	11	记 29	收到托收款	托收承付	0321	142 400.00		1 723 377.84
	12	记 31	收到前欠款	其他	5948	332 221.20		2 055 599.04
	12	记 32	购工作服	网银	6948		17 554.00	2 038 045.04
	12	记 33	付购货款	网银	1232		196 807.16	1 841 237.88
	13	记 34	交税费	其他	0269		45 793.82	1 795 444.06
	13	记 35	交税	其他	5806		105 500.00	1 689 944.06
	16	记 38	付 1 号宿舍工程款	转支	8452		260 000.00	1 429 944.06
	16	记 41	取得借款	其他	9654	500 000.00		1 929 944.06
	18	记 42	付购专利款	网银	1865		50 010.50	1 879 933.56
	18		过次页			2 883 711.20	1 488 351.98	1 879 933.56

表 2-130

银行存款日记账

户 名:中国农业银行江北支行

账 号:456789188812

第 59 页

2018 年		凭证字号	摘要	结算凭证		借方	贷方	余额
月	日			种类	号数			
12	18		承前页			2 883 711.200	1 488 351.98	1 879 933.56
	18	记 45	付报刊费	转支	8453		1 632.00	1 878 301.56
	18	记 46	付门市装修费	网银	7148		225 004.00	1 653 297.56
	19	记 49	交公积金	其他	7921		38 191.60	1 615 105.96
	20	记 53	收到海天投资	转支	7962	1 500 000.00		3 115 105.96
	20	记 54	收到武汉楚天欠款	其他	5948	80 000.00		3 195 105.96
	20	记 55	向灾区捐款	转支	8454		5 000.00	3 190 105.96
	20	记 56	滨川钢联补付货款	转支	8455		16 160.00	3 173 945.96
	20	记 57	付工资	转支	8456		130 570.50	3 043 375.46
	20	记 58	付购货款	网银	7232		600 020.50	2 443 354.96
	23	记 59	提现金	现支	7564		3 000.00	2 440 354.96
	23	记 60	付购货款	网银	3629		476 220.50	1 964 134.46
	23	记 61	付广告费	转支	8547		2 300.00	1 961 834.46
	23	记 63	收到货款	转支	8888	200 000.00		2 161 834.46
	23	记 64	存款利息	其他	9654	1 021.58		2 162 856.04
	23	记 65	付电话费	其他	1921		590.00	2 162 266.04
	23	记 67	购车	转支	8458		173 200.00	1 989 066.04
	23	记 67	交购车税	其他	4256		14 803.42	1 974 262.62
	23	记 68	交购车保险	转支	8549		1 300.00	1 972 962.62
	25	记 75	收回坏账	其他	5948	5 000.00		1 977 962.62
	27	记 76	提现金	现支	7565		13 000.00	1 964 962.62
	27	记 77	收违约款	转支	8752	12 000.00		1 976 962.62
	27	记 79	还借款及利息	其他	5256		304 500.00	1 672 462.62
	27	记 80	收到货款	托收承付	0402	533 520.00		2 205 982.62
	27	记 81	付利息	其他	7850		60 000.00	2 145 982.62
	27	记 82	收到租金	转支	9652	8 000.00		2 153 982.62
	30	记 96	出售固定资产	其他	3146	9 360.00		2 163 342.62
	30	记 99	交税	其他	3271		21 038.40	2 142 304.22
	31		本月合计			5 232 612.78	3 574 882.90	2 142 304.22

表 2-131

银行存款余额调节表

编制单位：　　　　　　　　　　　　账户：　　　　　　　　　　　　编制时间：

项　目	金　额	项　目	金　额
企业银行存款日记账余额 加：银行已收，企业未收 减：银行已付，企业未付		银行对账单余额 加：企业已收，银行未收 减：企业已付，银行未付	
调节后的余额		调节后的余额	

复核：　　　　　　　　　　　　　　　　　　　　制表人：

实训十二　会计报表的编制

一、实训目的

通过实训，使同学们理解掌握资产负债表、利润表的结构，熟练掌握资产负债表和利润表的编制方法，能独立编制资产负债表、利润表。

二、实训准备

资产负债表 1 张、利润表 1 张，需自己准备。

三、实训资料及要求

1. 江中机械制造有限公司 2018 年 6 月 30 日总账和有关明细账户的余额如表 2-132 所示。

要求：编制该公司 2018 年 6 月的资产负债表（只填列期末余额栏）。

表 2-132

总账和有关明细账户余额表

2018 年 6 月 30 日　　单位:元

资产账户	借或贷	余额	负债和所有者权益账户	借或贷	余额
库存现金	借	2 100.27	短期借款	贷	250 000.00
银行存款	借	803 770.00	应付票据	贷	19 800.00
其他货币资金	借	205 700.00	应付账款	贷	372 360.00
应收票据	借	23 000.00	——丙公司	贷	73 000.00
应收账款	借	77 000.00	——丁公司	借	1 600.00
——甲公司	借	80 000.00	——戊公司	贷	300 960.00
——乙公司	贷	3 000.00	预收账款	贷	14 700.00
坏账准备	贷	2 000.00	——C 公司	贷	14 700.00
——应收账款	贷	2 000.00	其他应付款	贷	5 000.00
预付账款	借	36 160.00	应付职工薪酬	贷	127 000.00
——A 公司	借	36 000.00	应交税费	贷	6 580.19
——B 公司	借	160.00	长期借款	贷	400 000.00
其他应收款	借	16 820.00	其中一年到期的长期借款	贷	100 000.00
在途物资	借	3 500.00	实收资本	贷	2 600 000.00
原材料	借	898 450.80	资本公积	贷	93 114.00
生产成本	借	265 485.19	盈余公积	贷	217 700.80
库存商品	借	75 600.00	利润分配	贷	22 961.00
固定资产	借	2 887 800.00	——未分配利润	贷	22 961.00
累计折旧	贷	1 034 920.00	本年利润	贷	129 250.27

2. 江中机械制造有限公司 2018 年 6 月损益类账户结转本年利润前的发生额如表 2-133 所示,2018 年 6 月利润表的各项数据略。

要求:编制该公司 2018 年 6 月的利润表。

表 2-133

损益类账户结转本年利润前的发生额表

2018 年 6 月　　单位:元

账户名称	本期发生额		账户名称	本期发生额	
	借 方	贷 方		借 方	贷 方
主营业务收入		2 000 000.00	主营业务成本	1 500 000.00	
其他业务收入		10 000.00	其他业务成本	8 000.00	
税金及附加	20 000.27		投资收益	6 000.00	
销售费用	36 000.00		营业外收入		5 700.00
管理费用	122 500.00		所得税费用	79 549.76	
财务费用	5 130.68	130.00			

实训十三　会计凭证的整理与装订

一、实训目的

通过实训，使同学们理解掌握会计凭证的整理和装订要求，能独立整理和装订会计凭证，提高同学们的动手操作能力。

二、实训准备

实训六和实训七的记账凭证，凭证封面 1 张、包角纸 1 张，需自己准备。

三、实训资料及要求

将实训六和实训七的资料整理和装订。

实训十四　账簿、报表的整理与装订

一、实训目的

通过实训，使同学们理解掌握账簿、会计报表的整理与装订要求，能独立整理与装订账簿、会计报表，提高同学们的动手操作能力。

二、实训准备

实训八～实训十二的账簿、报表，账表封面 1 张，需自己准备。

三、实训资料及要求

将实训八～实训十二的资料整理与装订。

第三单元 基础会计综合模拟实训

实训一 科目汇总表账务处理程序实训

一、实训目的

通过实训，使同学们理解掌握科目汇总表账务处理程序的特点，熟练掌握企业采用科目汇总表账务处理程序下建账、登账和编制会计报表的账务处理流程，亲自动手操作完成从建账、审核原始凭证到编制会计报表的一个完整的会计循环，提高同学们的动手操作能力，为以后的学习和将来就业打下良好的基础。

二、实训要求

采用科目汇总表账务处理程序进行账务处理，如图 3-1 所示按旬编制科目汇总表。

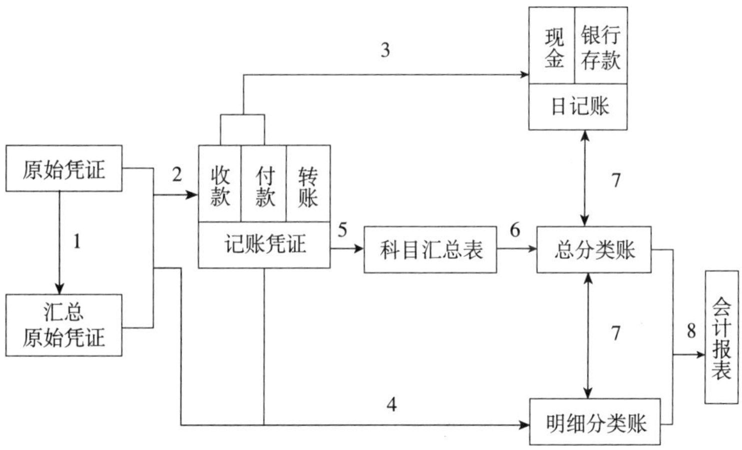

图 3-1 科目汇总账务处理程序图

三、实训准备

1. 每个学生除实训教材外需配备的实训用品

(1) 记账凭证 47 张、科目汇总表 3 张。

(2) 现金日记账 1 张、银行存款日记账 1 张、总分类账 1 本、多栏式明细账 11 张(管理费用、销售费用、制造费用、财务费用、主营业务收入、其他业务收入、主营业务成本、其他业务成本、营业外收入、营业外支出)、应交税费——应交增值税明细账 1 张、生产成本明细账 2 张、数量金额式账页(库存商品、原材料)5 张、三栏式明细账 36 张(除上述账以外的建议都用三栏式)。

(3) 资产负债表 1 张、利润表 1 张。

(4) 凭证封面 1 张、包角纸 1 张、账表封面 1 张。

(5) 胶水 1 瓶、小刀 1 把、尺子 1 把、夹子 2 个、红色水笔 1 支、蓝黑水笔 2 支、装订线若干。

2. 其他实训用品

实训室需配备装订机、多媒体示教台。

四、实训步骤

(1) 审核总账及有关明细账余额表。一要进行余额试算平衡,计算所有总分类账账户的借方余额合计是否等于所有总分账账户的贷方余额合计;二要计算总分类账账户的余额是否等于所属明细账的余额之和。

(2) 建总分类账,建完后再进行余额试算平衡。

(3) 建日记账和明细账,建完后与所属的总分类账进行核对。

(4) 审核上旬原始凭证,编制记账凭证,和同学交互复核上旬记账凭证,登记上旬日记账、明细账。

(5) 编制上旬科目汇总表,和同学交互复核上旬科目汇总表。

(6) 登记上旬总分类账。

(7) 审核中旬原始凭证,编制记账凭证,和同学交互复核中旬记账凭证,登记中旬日记账、明细账。

(8) 编制中旬科目汇总表,和同学交互复核中旬科目汇总表。

(9) 登记中旬总分类账。

(10) 审核下旬原始凭证,编制记账凭证,和同学交互复核记账凭证,登记下旬日记账、明细账。

(11) 编制下旬科目汇总表,和同学交互复核下旬科目汇总表。

(12) 登记下旬总分类账。

(13) 对期末余额进行试算平衡。

(14) 对账、结账。

(15) 编制资产负债表、利润表。

(16) 整理凭证、装订凭证。

(17) 整理账簿、报表,装订账簿、报表。

五、实训资料

1. 模拟实训会计主体基本情况如表 3-1 所示。

表 3-1　**模拟实训企业基本情况表**

会计主体名称	万丰有限责任公司	企业法人	孙福来
地址	浙江省滨海市江北路 9 号	邮编	681500
税务登记证编号	330032132100078	电话	0573-2265387
纳税人类型	增值税一般纳税人	行号	88
开户银行	中国农业银行滨海江北支行	行业分类	加工制造业
账号	666104005	组织机构代码	668
库存现金限额	5 000 元	财务经理	王丽英
注册资金	300 万元	制单会计	李玉良
税率及征收率	增值税 16%　企业所得税 25%	出纳	赵慧聪
	城建税 7%　教育费附加 3%	开票员	高婉婷
产品名称	A 产品　B 产品	复核会计	张萌萌
材料名称	甲材料　乙材料　丙材料	记账会计	高乐

2. 企业生产流程。

企业生产的产品为 A 产品和 B 产品,原材料为甲材料、乙材料和丙材料,产品生产流程如图 3-2 所示。

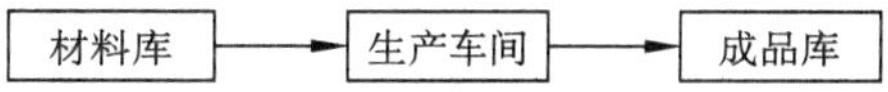

图 3-2　万丰有限责任公司生产流程图

3. 公司会计制度及会计政策。

万丰有限责任公司的会计制度和会计政策主要包括以下几方面。

(1) 记账方法:借贷记账法。

(2) 会计科目:使用财政部统一规定的会计科目。

(3) 库存现金限额:10 000 元。

(4) 存货按实际成本核算,原材料的明细核算在入库时及时进行,库存商品的入库、出库和原材料的出库核算于月末集中进行。

(5) 固定资产采用年限平均法计提折旧,和税法规定的折旧方法一致,房屋建筑物月折旧率为 0.5%,机器设备的月折旧率为 2%,每月计提折旧。

(6) 短期借款利息采用按月计提,到期支付的核算方法,做财务费用处理;长期借款利息采用按月计提,按年支付的核算方法,做财务费用处理。

(7) 企业所得税税率为 25%,假设没有纳税调整项。

(8) 城市维护建设税税率为 7%,教育费附加税率为 3%。

(9) 利润分配情况,按净利润的 10%提取法定盈余公积金,按税后利润的 60%向投资者分配。

（10）借款与报销审批制度，每笔款项的借支与报销都需财务副经理王丽英审核，超过5 000元的还需总经理孙福来审批。

4. 假设2018年11月30日总账及有关明细账本期发生额及期末余额如表3-2所示。

表3-2 总账及有关明细账本期发生额期末余额表

2018年11月30日

总账账户	明细账户	1～11月累计发生额		11月末余额		账页格式
		借方	贷方	借方	贷方	
库存现金		56 350.00	61 923.00	1 845.00		三栏式
银行存款		7 810 000.00	6 412 127.00	1 004 600.00		三栏式
应收账款		2 010 000.00	1 910 000.00	140 000.00		三栏式
	昌胜有限责任公司	780 000.00	860 000.00	0.00		
	江南机电有限公司	1 230 000.00	1 050 000.00	140 000.00		三栏式
其他应收款		196 000.00	198 000.00	3 000.00		三栏式
	孙福来	128 000.00	128 000.00	0.00		
	张英	68 000.00	70 000.00	3 000.00		三栏式
预付账款		379 000.00	351 000.00	28 000.00		三栏式
	振华有限责任公司	34 000.00		34 000.00		三栏式
	丽阳公司	345 000.00	351 000.00		6 000.00	三栏式
原材料		2 655 000.00	3 030 800.00	9 21 000.00		三栏式
	甲材料	2 050 000.00	2 217 300.00	800 000.00		数量金额式
	乙材料	460 000.00	521 500.00	101 000.00		数量金额式
	丙材料	145 000.00	292 000.00	20 000.00		数量金额式
库存商品		3 860 000.00	3 530 000.00	2 392 000.00		三栏式
	A产品	2 160 000.00	2 010 000.00	1 120 000.00		数量金额式
	B产品	1 700 000.00	1 520 000.00	1 272 000.00		数量金额式
生产成本		4 010 000.00	3 860 000.00	196 000.00		三栏式
	A产品	2 210 000.00	2 210 000.00	0.00		
	B产品	1 800 000.00	1 650 000.00	196 000.00		多栏式
制造费用		420 000.00	420 000.00	0.00		
	生产车间	420 000.00	420 000.00	0.00		
固定资产				1 500 000.00		三栏式
累计折旧			231 000.00		353 000.00	三栏式
应付账款		818 000.00	1 290 000.00		234 000.00	三栏式
	上海风帆电机厂	780 000.00	1 250 000.00		230 000.00	三栏式
	滨海供电公司	38 000.00	40 000.00		4 000.00	三栏式
短期借款			200 000.00		200 000.00	三栏式
预收账款		280 000.00	300 000.00		140 000.00	三栏式
	发达集团	280 000.00	300 000.00		140 000.00	三栏式
应付利息		48 000.00	56 000.00		6 792.00	三栏式
应付职工薪酬		948 000.00	960 000.00		78 000.00	三栏式
长期借款		1 000 000.00			480 000.00	三栏式

续表

总账账户	明细账户	1～11月累计发生额		11月末余额		账页格式
		借方	贷方	借方	贷方	
应交税费		792 350.00	1 461 850.00		152 350.00	三栏式
	应交增值税	451 350.00	1 131 350.00		0	多栏式
	未应交增值税	720 000.00	680 000.00		78 500.00	
	应交企业所得税	271 000.00	262 500.00		66 000.00	三栏式
	应交城建税	49 000.00	47 600.00		5 495.00	三栏式
	应交教育费附加	21 000.00	20 400.00		2 355.00	三栏式
本年利润		5 605 000.00	6 655 000.00		1 050 000.00	三栏式
实收资本					3 000 000.00	三栏式
	东方集团				2 000 000.00	三栏式
	南方集团				1 000 000.00	三栏式
资本公积					20 000.00	三栏式
盈余公积					242 303.00	三栏式
利润分配					230 000.00	三栏式
	未分配利润				230 000.00	三栏式
主营业务收入		6 655 000.00	6 655 000.00			三栏式
	A产品	3 500 000.00	3 500 000.00			多栏式
	B产品	3 155 000.00	3 155 000.00			多栏式
主营业务成本		3 530 000.00	3 530 000.00			三栏式
	A产品	2 010 000.00	2 010 000.00			多栏式
	B产品	1 520 000.00	1 520 000.00			多栏式
营业税金及附加		68 000.00	68 000.00			三栏式
	城建税	47 600.00	47 600.00			多栏式
	教育费附加	20 400.00	20 400.00			多栏式
销售费用		280 000.00	280 000.00			三栏式
	广告费	280 000.00	280 000.00			多栏式
管理费用		1 407 711.00	1 407 711.00			三栏式
	薪酬	170 000.00	170 000.00			多栏式
	办公费	53 700.00	53 700.00			多栏式
	折旧费	77 000.00	77 000.00			多栏式
	差旅费	24 2011.00	24 2011.00			多栏式
	业务招待费	323 000.00	323 000.00			多栏式
	其他费用	542 000.00	542 000.00			多栏式
财务费用		56 789.00	56 789.00			三栏式
	利息	56 000.00	56 000.00			多栏式
	手续费	789.00	789.00			多栏式
所得税费用		262 500.00	262 500.00			三栏式
合　计		43 907 700.00	43 907 700.00	6 186 445.00	6 186 445.00	

注：原材料：甲材料数量 4 000 千克，单价 200 元/千克；乙材料数量 1 000 件，单价 101 元/件；丙材料数量 200 千克，单价 100 元/千克。长期借款中有 200 000 元将于一年内到期。

库存商品：A 产品数量 560 台，单价 2 000 元/台；库存商品：B 产品数量 2 120 台，单价 600 元/台。

生产成本：B 产品直接材料 182 800.00 元，直接人工 8 000.00 元，制造费用 5 200.00 元。

5. 万丰有限责任公司 2018 年 12 月发生的经济业务如下。

(1) 2018 年 12 月 1 日，购入数控机床 1 台，如表 3-3～表 3-6 所示。

表 3-3

1401184130

山西增值税专用发票

№02060557

发 票 联

开票日期：2018 年 12 月 01 日

购买方	名　　称：万丰有限责任公司 纳税人识别号：330032132100078 地 址 、电 话：滨海市江北路 9 号　0573-2265387 开户行及账号：农行滨海江北支行　666104005				密码区	（略）		
货物或应税劳务、服务名称		规格型号	单位	数量	单价	金额	税率	税额
数控车床		CK6013	台	1	104 000.00	104 000.00	16%	16 640.00
合计						¥104 000.00		¥16 640.00
价税合计(大写)		⊗壹拾贰万零陆佰肆拾元整				（小写）¥120 640.00		
销售方	名　　称：太原机床有限公司 纳税人识别号：140120000232680 地 址 、电 话：太原市丰顺路 5 号　0241-3214568 开户行及账号：工行太原城东支行　222104088				备注			

收款人：王月　　复核：　　开票人：李丽　　销售方：（章）

税总函[2018]102 号　海南华森实业公司

第三联：发票联　购买方记账凭证

表 3-4

1401184130

山西增值税专用发票

№02060557

抵 扣 联

开票日期：2018 年 12 月 01 日

购买方	名　　称：万丰有限责任公司 纳税人识别号：330032132100078 地 址 、电 话：滨海市江北路 9 号　0573-2265387 开户行及账号：农行滨海江北支行　666104005				密码区	（略）		
货物或应税劳务、服务名称		规格型号	单位	数量	单价	金额	税率	税额
数控车床		CK6013	台	1	104 000.00	104 000.00	16%	16 640.00
合计						¥104 000.00		¥16 640.00
价税合计(大写)		⊗壹拾贰万零陆佰肆拾元整				（小写）¥120 640.00		
销售方	名　　称：太原机床有限公司 纳税人识别号：140120000232680 地 址 、电 话：太原市丰顺路 5 号　0241-3214568 开户行及账号：工行太原城东支行　222104088				备注			

收款人：王月　　复核：　　开票人：李丽　　销售方：（章）

税总函[2018]102 号　海南华森实业公司

第二联：抵扣联　购买方扣税凭证

表 3-5

万丰有限责任公司固定资产验收单

2018 年 12 月 1 日

<table>
<tr><th rowspan="2">货物名称及品牌</th><th rowspan="2">型号规格</th><th rowspan="2">数量</th><th rowspan="2">单位</th><th rowspan="2">单价</th><th colspan="10">金额</th></tr>
<tr><th>千</th><th>百</th><th>十</th><th>万</th><th>千</th><th>百</th><th>十</th><th>元</th><th>角</th><th>分</th></tr>
<tr><td>数控车床</td><td>CK6013</td><td>1</td><td>台</td><td>104 000.00</td><td></td><td></td><td>1</td><td>0</td><td>4</td><td>0</td><td>0</td><td>0</td><td>0</td><td>0</td></tr>
<tr><td></td><td></td><td></td><td></td><td></td><td></td><td></td><td></td><td></td><td></td><td></td><td></td><td></td><td></td><td></td></tr>
<tr><td></td><td></td><td></td><td></td><td></td><td></td><td></td><td></td><td></td><td></td><td></td><td></td><td></td><td></td><td></td></tr>
<tr><td>合　计</td><td colspan="4">⊗壹拾万零肆仟元整</td><td></td><td>¥</td><td>1</td><td>0</td><td>4</td><td>0</td><td>0</td><td>0</td><td>0</td><td>0</td></tr>
<tr><td colspan="5">供货单位:太原机床有限公司</td><td colspan="10">保管责任人:李国军</td></tr>
<tr><td colspan="5">存放地点:加工车间</td><td colspan="10">使用部门:加工车间</td></tr>
<tr><td>技术验收人签名</td><td colspan="4">使用部门资产管理员签名</td><td colspan="10">资产管理处意见</td></tr>
<tr><td>刘军</td><td colspan="4">李杰</td><td colspan="10">设备合格,同意验收。2018.12.1</td></tr>
</table>

表 3-6

网银国内跨行大额汇款凭证

网银业务编号: 56056445　　大额业务编号:CB123464646　　业务类型:C001

发起行行号:88　　汇款人开户行行号:88　　汇出行委托日期:2018 年 12 月 1 日

汇款人开户行名称:中国农业银行滨海江北支行

汇款人账号:666104005

汇款人名称:万丰有限责任公司

汇款人地址:滨海市江北路 9 号

接收行行号:45　　收款人开户行行号:45　　汇出行经办日期:2018 年 12 月 1 日

收款人开户行名称:中国工商银行太原城东支行

收款人账号:222104088

收款人名称:太原机床有限公司

收款人地址:太原市丰顺路 5 号

汇款币种、金额:CNY121 680.00

手续费币种、金额:CNY0.50

电子汇划费币种、金额:CNY15.00

附言:货款

中国农业银行滨海江北支行 2018.12.01 业务专用章

此联为客户回单　　　　银行盖章

(2) 2018 年 12 月 3 日，从银行提取备用金，如表 3-7 所示。

表 3-7（正面）

现金支票存根

中国农业银行 现金支票存根 10303310 00065487
附加信息
出票日期：2018 年 12 月 3 日
收款人：万丰有限责任公司
金　额：¥3 000.00
用　途：备用金
单位主管：　　　　会计：

(3) 2018 年 12 月 3 日，销售 A 产品，如表 3-8 和表 3-9 所示。

表 3-8

3300184130　　　浙江增值税专用发票　　　№02079998

（印章：全国统一发票监制章 浙江 国家税务总局监制）

此联不作报销、扣税凭证使用　　开票日期：2018 年 12 月 03 日

购买方	名　　称：海通商贸有限责任公司 纳税人识别号：330032132102278 地 址 、电 话：滨海市江北路 1 号　0573-2265888 开户行及账号：农行滨海江北支行　666104022				密码区	（略）		
货物或应税劳务、服务名称		规格型号	单位	数量	单价	金额	税率	税额
A 产品			台	12	5 000.00	60 000.00	16%	9 600.00
合计						¥60 000.00		¥9 600.00
价税合计（大写）		⊗陆万玖仟陆佰元整				（小写）¥69 600.00		
销售方	名　　称：万丰有限责任公司 纳税人识别号：330032132100078 地 址 、电 话：滨海市江北路 9 号　0573-2265387 开户行及账号：农行滨海江北支行　666104005				备注	（印章：万丰有限责任公司 330032132100078 发票专用章）		

收款人：赵慧聪　　复核：李丽　　开票人：高婉婷　　销售方：（章）

第一联：记账联　销售方记账凭证

税总函[2017]102 号　海南华森实业公司

表 3-7(背面)

根据《中华人民共和国票据法》等法律、法规的规定,签发空头支票由中国人民银行处以票面金额5%但不低于1 000元的罚款。

表 3-9 中国农业银行**进账单**（收账通知） 3

2018 年 12 月 03 日

<table>
<tr><td rowspan="3">出票人</td><td>全　称</td><td>海通商贸有限责任公司</td><td rowspan="3">收款人</td><td>全　称</td><td colspan="11">万丰有限责任公司</td></tr>
<tr><td>账　号</td><td>666104022</td><td>账　号</td><td colspan="11">666104005</td></tr>
<tr><td>开户银行</td><td>农行滨海江北支行</td><td>开户银行</td><td colspan="11">农行滨海江北支行</td></tr>
<tr><td rowspan="2">金额</td><td colspan="4" rowspan="2">人民币（大写）柒万零贰佰元整</td><td>亿</td><td>千</td><td>百</td><td>十</td><td>万</td><td>千</td><td>百</td><td>十</td><td>元</td><td>角</td><td>分</td></tr>
<tr><td></td><td></td><td></td><td>¥</td><td>7</td><td>0</td><td>2</td><td>0</td><td>0</td><td>0</td><td>0</td></tr>
<tr><td>票据种类</td><td>转账支票</td><td>票据张数</td><td>1</td><td colspan="12" rowspan="3">中国农业银行滨海江北支行 2018.12.03 业务专用章
收款人开户银行盖章</td></tr>
<tr><td>票据号码</td><td colspan="3">20203320 00066888</td></tr>
<tr><td colspan="4">复核：　　　　记账：</td></tr>
</table>

此联是收款人开户银行交收款人的收账通知

(4) 2018 年 12 月 7 日，从上海风帆电机厂购入乙材料，运输费由销售方垫付，如表 3-10～表 3-14 所示。

表 3-10 上海增值税专用发票

3100184130　　　　　　　发　票　联　　　　No02068421

开票日期：2018 年 12 月 7 日

<table>
<tr><td>购买方</td><td colspan="4">名　　称：万丰有限责任公司
纳税人识别号：330032132100078
地 址 、电 话：滨海市江北路 9 号　0573-2265387
开户行及账号：农行滨海江北支行　666104005</td><td>密码区</td><td colspan="3">（略）</td></tr>
<tr><td colspan="2">货物或应税劳务、服务名称</td><td>规格型号</td><td>单位</td><td>数量</td><td>单价</td><td>金额</td><td>税率</td><td>税额</td></tr>
<tr><td colspan="2">乙材料</td><td></td><td>件</td><td>2 000</td><td>100.00</td><td>200 000.00</td><td>16%</td><td>32 000.00</td></tr>
<tr><td colspan="2">合计</td><td></td><td></td><td></td><td></td><td>¥200 000.00</td><td></td><td>¥32 000.00</td></tr>
<tr><td colspan="2">价税合计（大写）</td><td colspan="4">⊗贰拾叁万贰仟元整</td><td colspan="3">（小写）¥232 000.00</td></tr>
<tr><td>销售方</td><td colspan="4">名　　称：上海风帆电机厂
纳税人识别号：310021000023268
地 址 、电 话：上海市河间路 5 号　021-32145684
开户行及账号：工行上海河间路支行　222164088</td><td>备注</td><td colspan="3">上海风帆电机厂 310021000023268 发票专用章</td></tr>
</table>

收款人：　　复核：　　开票人：李杰　　销售方：（章）

税总函[2018]102 号　海南华森实业公司

第三联：发票联　购买方记账凭证

表 3-11

3100184130

上海增值税专用发票

全国统一发票监制章 上海 国家税务总局监制

№02068421

抵 扣 联

开票日期：2018 年 12 月 07 日

税总函[2018]102 号 海南华森实业公司

购买方	名　　称：万丰有限责任公司 纳税人识别号：330032132100078 地 址 、电 话：滨海市江北路 9 号　0573-2265387 开户行及账号：农行滨海江北支行　666104005				密码区	（略）	
货物或应税劳务、服务名称	规格型号	单位	数量	单价	金额	税率	税额
乙材料		件	2 000	100.00	200 000.00	16%	32 000.00
合计					￥200 000.00		￥32 000.00
价税合计（大写）	⊗贰拾叁万贰仟元整				（小写）￥232 000.00		
销售方	名　　称：上海风帆电机厂 纳税人识别号：310021000023268 地 址 、电 话：上海市河间路 5 号　021-32145684 开户行及账号：工行上海河间路支行　222164088				备注	上海风帆电机厂 310021000023268 发票专用章	

收款人：　　复核：　　开票人：李杰　　销售方：（章）

第二联：抵扣联 购买方扣税凭证

表 3-12

3100184130

上海增值税专用发票

全国统一发票监制章 上海 国家税务总局监制

№02069325

发 票 联

开票日期：2018 年 12 月 07 日

国税函[2017]7 号 临海华森实业公司

购买方	名　　称：万丰有限责任公司 纳税人识别号：330032132100078 地 址 、电 话：滨海市江北路 9 号　0573-2265387 开户行及账号：农行滨海江北支行　666104005				密码区	（略）	
货物或应税劳务、服务名称	规格型号	单位	数量	单价	金额	税率	税额
运输费		吨	16	125.00	2 000.00	10%	200.00
合计					￥2 000.00		￥200.00
价税合计（大写）	⊗贰仟贰佰元整				（小写）￥2 200.00		
销售方	名　　称：上海市长途货运公司 纳税人识别号：310010000235640 地 址 、电 话：上海市南京路 16 号　021-32005684 开户行及账号：工行上海南京路支行　222123488				备注	上海市长途货运公司 310010000235640 发票专用章	

收款人：　　复核：　　开票人：李江　　销售方：（章）

第三联：发票联 购买方记账凭证

表 3-13

上海增值税专用发票

3100184130　　　　　　　　　　　　　　　　　　　　　　　　№02069325

抵　扣　联　　　　　　　　　　　　　　　　　开票日期：2018 年 12 月 07 日

国税函[2017]7号　临海华森实业公司

购买方	名　　　称：万丰有限责任公司 纳税人识别号：330032132100078 地 址 、电 话：滨海市江北路 9 号　0573-2265387 开户行及账号：农行滨海江北支行　666104005				密码区	（略）		
货物或应税劳务、服务名称		规格型号	单位	数量	单价	金额	税率	税额
运输费			吨	16	125.00	2 000.00	10%	200.00
合计						￥2 000.00		￥200.00
价税合计(大写)		⊗贰仟贰佰元整				（小写）￥2 200.00		
销售方	名　　　称：上海市长途货运公司 纳税人识别号：310010000235640 地 址 、电 话：上海市南京路 16 号　021-32005684 开户行及账号：工行上海南京路支行　222123488				备注	上海市长途货运公司 310010000235640 发票专用章		

收款人：　　　　复核：　　　　开票人：李江　　　　销售方：（章）

第二联：抵扣联　购买方扣税凭证

表 3-14

收　料　单

材料科目：原材料　　　　　　　　　　　　　　　　　　No：009

材料类别：原料及主要材料　　　　　　　　　　　　　　收料仓库：2 号仓库

供应单位：上海风帆电机厂　　　　2018 年 12 月 7 日　　　发票号码：02068421

材料编号	材料名称	规格	计量单位	数量		实际价格			
				应收	实收	单价	发票金额	运费	合计
002	乙材料		件	2 000	2 000	100.00	200 000.00	2 000.00	202 000.00
合计									￥202 000.00
备注									

采购员：张一梅　　　　　　检验员：赵安康　　　　　　保管员：李大海

(5) 2018 年 12 月 7 日，以银行存款预付购买南方公司甲材料货款，如表 3-15 所示。

表 3-15

网银国内跨行大额汇款凭证

网银业务编号：5637232　　　　大额业务编号：CB123464646　　　　业务类型：C001
发起行行号：88　　汇款人开户行行号：88　　汇出行委托日期：2018 年 12 月 7 日
汇款人开户行名称：中国农业银行滨海江北支行
汇款人账号：666104005
汇款人名称：万丰有限责任公司
汇款人地址：滨海市江北路 9 号
接收行行号：2038　　收款人开户行行号：2038　　汇出行经办日期：2018 年 12 月 7 日
收款人开户行名称：中国工商银行杭州钱江支行
收款人账号：222164999
收款人名称：南方公司
收款人地址：杭州西湖路 89 号
汇款币种、金额：CNY200 000.00
手续费币种、金额：CNY0.50
电子汇划费币种、金额：CNY15.00
附言：货款

中国农业银行滨海江北支行 2018.12.07 业务专用章

此联为客户回单　　　　　　　　　　　　银行盖章

(6) 2018 年 12 月 7 日，签发转账支票一张支付广告费，如表 3-16 和表 3-17 所示。

表 3-16（正面）

转账支票存根

中国农业银行
转账支票存根
10303320
01065488

附加信息

出票日期：2018 年 12 月 7 日

收款人：滨海百佳广告公司
金　额：¥4 876.00
用　途：广告费

单位主管：　　　　会计：

表 3-16(背面)

根据《中华人民共和国票据法》等法律、法规的规定,签发空头支票由中国人民银行处以票面金额 5%但不低于 1 000 元的罚款。

表 3-17

浙江增值税专用发票

3300184130　　　　No02065425

发票联　　　　开票日期：2018 年 12 月 07 日

购买方	名　　称：万丰有限责任公司 纳税人识别号：330032132100078 地 址 、电 话：滨海市江北路 9 号　0573-2265387 开户行及账号：农行滨海江北支行　666104005				密码区	（略）	
货物或应税劳务、服务名称	规格型号	单位	数量	单价	金额	税率	税额
广告费					4 600.00	6%	276.00
合计					￥4 600.00		￥276.00
价税合计（大写）	⊗肆仟捌佰柒拾陆元整				（小写）￥4 876.00		
销售方	名　　称：滨海百佳广告有限公司 纳税人识别号：330021000014468 地 址 、电 话：滨海市江北路 5 号　0573-65155684 开户行及账号：工行滨海江北支行　895433388				备注	滨海百佳广告有限公司 330021000014468 发票专用章	

收款人：　　　　复核：　　　　开票人：周田　　　　销售方：（章）

国税函[2018]102 号　临海华森实业公司

第三联：发票联　购买方记账凭证

注：发票抵扣联略。

（7）2018 年 12 月 7 日，以银行存款归还上月欠上海风帆电机厂的货款，如表 3-18 所示。

表 3-18

中国农业银行

Agricultural Bank of China　　　　电子汇划付款　回单

币别：人民币　　　　2018 年 12 月 07 日　　　　流水号：634589

付款人	全　称	万丰有限责任公司	收款人	全　称	上海风帆电机厂
	账　号	666104005		账　号	22164088
	开户行	农行滨海江北支行		开户行	工行上海河间路支行
金额	人民币（大写）壹拾捌万元整		（小写）￥180 000.00		
用途	还前欠货款				
备注：	中国农业银行滨海江北支行 2018.12.07 业务专用章　银行盖章				

(8) 2018 年 12 月 8 日，收到江南机电有限公司归还的前欠货款，如表 3-19 所示。

表 3-19　　中国农业银行**进账单**（收账通知）　　**3**

2018 年 12 月 08 日

<table>
<tr><td rowspan="3">出票人</td><td>全　称</td><td>江南机电有限公司</td><td rowspan="3">收款人</td><td>全　称</td><td colspan="11">万丰有限责任公司</td><td rowspan="7">此联是收款人开户银行交收款人的收账通知</td></tr>
<tr><td>账　号</td><td>325648971</td><td>账　号</td><td colspan="11">666104005</td></tr>
<tr><td>开户银行</td><td>建行江南城南支行</td><td>开户银行</td><td colspan="11">农行滨海江北支行</td></tr>
<tr><td rowspan="2">金额</td><td colspan="4" rowspan="2">人民币（大写）壹拾肆万元整</td><td>亿</td><td>千</td><td>百</td><td>十</td><td>万</td><td>千</td><td>百</td><td>十</td><td>元</td><td>角</td><td>分</td></tr>
<tr><td></td><td></td><td>￥</td><td>1</td><td>4</td><td>0</td><td>0</td><td>0</td><td>0</td><td>0</td><td>0</td></tr>
<tr><td>票据种类</td><td>银行汇票</td><td>票据张数</td><td>1</td><td colspan="12" rowspan="2">中国农业银行滨海江北支行 2018.12.08 业务专用章
收款人开户银行盖章</td></tr>
<tr><td>票据号码</td><td colspan="3">1002003420471917

复核：　　记账：</td></tr>
</table>

(9) 2018 年 12 月 8 日，供应科张英出差归来报销差旅费，余额退回现金，如表 3-20～表 3-22 和图 3-3～图 3-5 所示。

表 3-20

差旅费报销单

报销日期：2018 年 12 月 8 日

<table>
<tr><td>部门</td><td>供应科</td><td>出差人</td><td colspan="2">张英</td><td>事由</td><td colspan="5">天津采购</td></tr>
<tr><td>出差日期</td><td>起止地点</td><td>飞机</td><td>火车</td><td>汽车</td><td>市内交通费</td><td>住宿费</td><td>增值税</td><td>其他</td><td>合计</td><td>单据</td></tr>
<tr><td>12 月 4 日</td><td>滨海至天津</td><td>540.00</td><td></td><td></td><td></td><td>720.00</td><td>43.20</td><td>600.00</td><td>1 903.20</td><td>2</td></tr>
<tr><td>12 月 7 日</td><td>天津至滨海</td><td>540.00</td><td></td><td></td><td>60.00</td><td></td><td></td><td></td><td>600.00</td><td>2</td></tr>
<tr><td></td><td></td><td></td><td></td><td></td><td></td><td></td><td></td><td></td><td></td><td></td></tr>
<tr><td colspan="2">合　计</td><td>￥1 080.00</td><td></td><td></td><td>￥60.00</td><td>￥720.00</td><td>￥43.20</td><td>￥600.00</td><td>￥2 503.20</td><td>4</td></tr>
<tr><td>报销金额</td><td colspan="10">人民币（大写）贰仟伍佰零叁元贰角整　　（小写）￥2 503.20</td></tr>
<tr><td>原借款</td><td>￥3 000.00</td><td>报销额</td><td colspan="2">￥2 503.20</td><td>应退还</td><td>￥496.80</td><td colspan="2">应补付</td><td colspan="2"></td></tr>
<tr><td>财会审核意见</td><td colspan="2">已审核
王丽英
2018.12.8</td><td colspan="2">审批人意见</td><td colspan="6">同意报销
孙福来 2018.12.8
现金付讫</td></tr>
</table>

主管：　　会计：　　出纳：赵慧聪　　报销人：张英

表 3-21

天津增值税专用发票

1200184130　　　　　　　　　　　　　　　　№02965425

发　票　联　　　　　　　　　　开票日期：2018 年 12 月 07 日

国税函[2018]102 号　临海华森实业公司

购买方	名　　称：万丰有限责任公司 纳税人识别号：330032132100078 地 址 、电 话：滨海市江北路 9 号　0573-2265387 开户行及账号：农行滨海江北支行　666104005				密码区	（略）		
货物或应税劳务、服务名称		规格型号	单位	数量	单价	金额	税率	税额
住宿费			天	3	240.00	720.00	6%	43.20
合计						￥720.00		￥43.20
价税合计(大写)		⊗柒佰陆拾叁元贰角整				（小写）￥763.20		
销售方	名　　称：天津思特利大酒店 纳税人识别号：120021000014468 地 址 、电 话：开津市学院路 5 号　022-65155684 开户行及账号：工行天津学院路支行　895433388				备注	天津思特利大酒店 120021000014468 发票专用章		

第三联：发票联　购买方记账凭证

收款人：　　　　复核：　　　　开票人：黄陈敏　　　　销售方：（章）

注：发票抵扣联略。

D7A089996

检票口15

滨 海站 —— 5102 次 → 天 津站

Binhai　　　　　　　　Tianjin

2018 年 12 月 4 日 12:03开　　06 车 88 号

￥540.00 元　　　　软卧

限乘当日当次车

1305021974××××3224张英

买票请到12306 发货请到95306
中国铁路祝您旅途愉快

3900521328A6787955009　滨海站售

图 3-3　滨海到天津火车票

天津市国家税务局出租车专用发票

发 票 联

121001581002

50282346

电话:61205600

此发票手写无效

车号津	BN3124
证号	182253
日期	2018-12-06
上车	19:02
下车	19:25
单价	3.00 元
里程	28.01km
候时	00:39:17
金额	￥60.00 元

图 3-4　出租车票

D7A099996

检票口6

天 津站 Tianjing　——5103 次→　滨 海站 Binhai

2018 年 12 月 7 日 12:03开　05 车 88 号

￥540.00 元　软卧

限乘当日当次车

1305021974××××3224张英

买票请到12306 发货请到95306
中国铁路祝您旅途愉快

3214567778A6787955006　天津站售

图 3-5　天津到滨海火车票

表 3-22

收 款 收 据

2018 年 12 月 8 日　　　　No1224942

交款单位	供应科张英	交款方式	现金							
人民币（大写）	叁仟元整	十	万	千	百	十	元	角	分	
			￥	3	0	0	0	0	0	
交款事由	出差借款　现金收讫									

第三联：记账联

收款单位：　　主管：　　出纳：赵慧聪　　经手人：张英

（10）2018 年 12 月 8 日，收到张明违反纪律的罚款，如表 3-23 所示。

表 3-23

收 款 收 据

2018 年 12 月 8 日　　　　№1224943

<table>
<tr><td>交款单位</td><td>车间张明</td><td>交款方式</td><td colspan="8">现金</td></tr>
<tr><td rowspan="2">人 民 币
（大写）</td><td rowspan="2" colspan="2">陆拾元整</td><td>十</td><td>万</td><td>千</td><td>百</td><td>十</td><td>元</td><td>角</td><td>分</td></tr>
<tr><td></td><td></td><td></td><td>￥</td><td>6</td><td>0</td><td>0</td><td>0</td></tr>
<tr><td>交款事由</td><td colspan="10">违反纪律　　现金收讫</td></tr>
</table>

收款单位：　　主管：　　出纳：赵慧聪　　经手人：张明

第三联：记账联

（11）2018 年 12 月 9 日，向江南机电有限公司销售 A 产品，如表 3-24 所示。

表 3-24

浙江增值税专用发票

3300184130　　　　№02079999

此联不作报销、扣税凭证使用　　开票日期：2018 年 12 月 09 日

<table>
<tr><td>购买方</td><td colspan="4">名　　称：江南机电有限公司
纳税人识别号：330032100002278
地 址 、电 话：江南市中通路 1 号　0577-2265855
开户行及账号：建行江南城南支行　325648971</td><td>密码区</td><td colspan="3">（略）</td></tr>
<tr><td colspan="2">货物或应税劳务、服务名称</td><td>规格型号</td><td>单位</td><td>数量</td><td>单价</td><td>金额</td><td>税率</td><td>税额</td></tr>
<tr><td colspan="2">A 产品</td><td></td><td>台</td><td>50</td><td>4 800.00</td><td>240 000.00</td><td>16％</td><td>38 400.00</td></tr>
<tr><td colspan="2">合计</td><td></td><td></td><td></td><td></td><td>￥240 000.00</td><td></td><td>￥38 400.00</td></tr>
<tr><td colspan="2">价税合计（大写）</td><td colspan="7">⊗贰拾柒万捌仟肆佰元整　　（小写）￥278 400.00</td></tr>
<tr><td>销售方</td><td colspan="4">名　　称：万丰有限责任公司
纳税人识别号：330032132100078
地 址 、电 话：滨海市江北路 9 号　0573-2265387
开户行及账号：农行滨海江北支行　666104005</td><td>备注</td><td colspan="3">万丰有限责任公司
330032132100078
发票专用章</td></tr>
</table>

收款人：赵慧聪　　复核：李丽　　开票人：高婉婷　　销售方：（章）

税总函[2018]102 号　海南华森实业公司

第一联：记账联　销售方记账凭证

（12）2018 年 12 月 9 日，按照合同规定预收正大有限责任公司订购 B 产品的货款，如表 3-25 和表 3-26 所示。

表 3-25 中国农业银行**进账单**（收账通知） **3**

2018 年 12 月 09 日

出票人	全　称	正大有限责任公司	收款人	全　称	万丰有限责任公司
	账　号	325699971		账　号	666104005
	开户银行	建行滨海城南支行		开户银行	农行滨海江北支行

金额		亿	千	百	十	万	千	百	十	元	角	分
	人民币（大写）伍万元整				¥	5	0	0	0	0	0	0

票据种类	转账支票	票据张数	1
票据号码	1020332001072100		
复核：	记账：		

中国农业银行滨海江北支行 2018.12.09 业务专用章

收款人开户银行盖章

此联是收款人开户银行交收款人的收账通知

表 3-26 **收 款 收 据**

2018 年 12 月 9 日 №1224944

交款单位	正大有限责任公司								交款方式	转账支票
人民币（大写）	伍万元整	十	万	千	百	十	元	角	分	
		¥	5	0	0	0	0	0	0	
交款事由	订货款									

银行收讫

收款单位：　　主管：　　出纳：赵慧聪　　经手人：张明

第三联：记账联

(13) 2018 年 12 月 15 日，从银行取得借款，如表 3-27 所示。

表 3-27 中国农业银行 **借款借据**（回单）

填制日期：2018 年 12 月 15 日 第 79654 号

借款单位全称	万丰有限责任公司			存款户账号	
贷款种类	短期借款	利率	年（率）6%	贷款户账号	666104005

贷款金额（大写）		亿	千	百	十	万	千	百	十	元	角	分
	人民币伍拾万元整			¥	5	0	0	0	0	0	0	0

系统合同号	2308 号	用途	生产周转	约定还款日期	2019 年 6 月 15 日

备注：

厂房抵押贷款，上列贷款已转入你单位的存款户。

此致

中国农业银行滨海江北支行 贷款专用章

银行签章

2018 年 12 月 15 日

（14）2018 年 12 月 15 日，购买甲材料，如表 3-28～表 3-30 所示。

表 3-28

上海增值税专用发票

3100184130　　　　　　　　　　　　　　　　　　　　№02088821

发　票　联　　　　　　　　　　　　　开票日期：2018 年 12 月 15 日

购买方	名　　称：万丰有限责任公司 纳税人识别号：330032132100078 地 址 、电 话：滨海市江北路 9 号　0573-2265387 开户行及账号：农行滨海江北支行　666104005					密码区	（略）		
货物或应税劳务、服务名称		规格型号	单位	数量	单价	金额		税率	税额
甲材料			千克	2 000	200.00	400 000.00		16%	64 000.00
合计						￥400 000.00			￥64 000.00
价税合计（大写）	⊗肆拾陆万肆仟元整					（小写）￥464 000.00			
销售方	名　　称：南方飞达有限公司 纳税人识别号：310010880232680 地 址 、电 话：上海市天津路 5 号　021-32188684 开户行及账号：工行上海天津路支行　225564088					备注	南方飞达有限公司 310010880232680 发票专用章		

收款人：　　　　复核：　　　　开票人：李婷　　　　销售方：（章）

税总函[2018]102 号　临海华森实业公司

第三联：发票联　购买方记账凭证

表 3-29

上海增值税专用发票

3110184130　　　　　　　　　　　　　　　　　　　　№02088821

抵　扣　联　　　　　　　　　　　　　开票日期：2018 年 12 月 15 日

购买方	名　　称：万丰有限责任公司 纳税人识别号：330032132100078 地 址 、电 话：滨海市江北路 9 号　0573-2265387 开户行及账号：农行滨海江北支行　666104005					密码区	（略）		
货物或应税劳务、服务名称		规格型号	单位	数量	单价	金额		税率	税额
甲材料			千克	2 000	200.00	400 000.00		16%	64 000.00
合计						￥400 000.00			￥64 000.00
价税合计（大写）	⊗肆拾陆万肆仟元整					（小写）￥464 000.00			
销售方	名　　称：南方飞达有限公司 纳税人识别号：310010880232680 地 址 、电 话：上海市天津路 5 号　021-32188684 开户行及账号：工行上海天津路支行　225564088					备注	南方飞达有限公司 310010880232680 发票专用章		

收款人：　　　　复核：　　　　开票人：李婷　　　　销售方：（章）

税总函[2018]102 号　临海华森实业公司

第二联：抵扣联　购买方扣税凭证

表 3-30

收 料 单

材料科目:原材料　　　　　　　　　　　　　　　　　　　　No:009

材料类别:原料及主要材料　　　　　　　　　　　　　　　　收料仓库:2 号仓库

供应单位:南方飞达有限公司　　　　2018 年 12 月 15 日　　　　发票号码:02068421

材料编号	材料名称	规格	计量单位	数量		实际价格			
				应收	实收	单价	发票金额	运杂费	合计
001	甲材料		千克	2 000	2 000	200.00	400 000.00		400 000.00
合计									￥400 000.00
备　注									

采购员:张一梅　　　　检验员:赵安康　　　　相关人员:　　　　保管员:李大海

(15) 2018 年 12 月 16 日,支付上月增值税、所得税,如表 3-31 和表 3-32 所示。

表 3-31

中国农业银行(滨海江北支行)借记通知

流水号:22012864　　　　交易日期:2018 年 12 月 16 日

付款单位名称	万丰有限责任公司	凭证编号	56320
付款单位账号	666104005	收款银行	农行滨海分行作业中心
收款单位名称	待划转一户通批量清算款	起息日	2018 年 12 月 16 日
收款单位账号	908123654893	金额	RMB144 500.00
交易名称	批量入账(日间运行)		
摘要	一户通税、费		

(印章:中国农业银行滨海江北支行 2018.12.16 业务专用章)

注:如果日期、流水号、账号、摘要、金额相同,系重复打印。经办柜员 65(批处理日间柜)(银行盖章)。

表 3-32

中国工商银行电子缴税凭证(客户联)

转账日期:2018 年 12 月 16 日　　　　凭证字号:8000268

纳税人全称及识别号:万丰有限责任公司　　　　330032132100078

付款人全称:万丰有限责任公司

付款人账号:666104005　　　　征收机关名称:滨海市国家税务局(一户通)

付款人开户银行:农行滨海江北支行　　　　收款国库(银行)名称:国家金库滨海市支库

小写(合计)金额:￥144 500.00　　　　缴款书交易流水号:18000269

大写(合计)金额:人民币壹拾肆万肆仟伍佰元整　　　　税票号码:72100279

税(费)种名称	所属时期	实缴金额
增值税	20181101-20181130	78 500.00
企业所得税	20181101-20181130	66 000.00

(印章:中国工商银行武汉江中支行 2018.12.16 业务专用章)

(16) 2018 年 12 月 16 日，支付上月城建税、教育费附加，如表 3-33 和表 3-34 所示。

表 3-33　中国农业银行(滨海江北支行)借记通知

流水号:22012865　　　　交易日期:2018 年 12 月 16 日

付款单位名称	万丰有限责任公司	凭证编号	56321
付款单位账号	666104005	收款银行	农行滨海分行作业中心
收款单位名称	待划转一户通批量清算款	起息日	2018 年 12 月 16 日
收款单位账号	900123654893	金额	RMB7 850.00
交易名称	批量入账(日间运行)		
摘要	一户通税、费		

注:如果日期、流水号、账号、摘要、金额相同，系重复打印。经办柜员 65(批处理日间柜)(银行盖章)。

表 3-34　中国农业银行电子缴税凭证(客户联)

转账日期:2018 年 12 月 16 日　　凭证字号:8000269

纳税人全称及识别号:万丰有限责任公司　330032132100078

付款人全称:万丰有限责任公司

付款人账号:666104005　　征收机关名称:滨海市地方税务局(一户通)

付款人开户银行:农行滨海江北支行　　收款国库(银行)名称:国家金库滨海市支库

小写(合计)金额:￥7 850.00　　缴款书交易流水号:8000269

大写(合计)金额:人民币柒仟捌佰伍拾元整　　税票号码:71100269

税(费)种名称	所属时期	实缴金额
教育费附加	20181101-20181130	2 355.00
城市维护建设税	20181101-20181130	5 495.00

(17) 2018 年 12 月 17 日，补付丽阳公司货款，如表 3-35 所示。

(18) 2018 年 12 月 18 日，提现金备发工资，如表 3-36 所示。

表 3-35(正面)　转账支票存根

中国农业银行
转账支票存根
10303320
01065489

附加信息

出票日期:2018 年 12 月 17 日

收款人:丽阳公司
金　额:￥6 000.00
用　途:货款

单位主管:　　会计:

表 3-36(正面)　现金支票存根

中国农业银行
现金支票存根
10303310
00065488

附加信息

出票日期:2018 年 12 月 18 日

收款人:万丰有限责任公司
金　额:￥78 000.00
用　途:备发工资

单位主管:　　会计:

表 3-35(背面)

根据《中华人民共和国票据法》等法律、法规的规定,签发空头支票由中国人民银行处以票面金额 5%但不低于 1 000 元的罚款。

表 3-36(背面)

根据《中华人民共和国票据法》等法律、法规的规定,签发空头支票由中国人民银行处以票面金额 5%但不低于 1 000 元的罚款。

(19) 2018 年 12 月 18 日，以现金发放 11 月工资，如表 3-37 所示。

表 3-37

工资结算表

2018 年 11 月 30 日

序号	姓　名	基本工资	补 贴	…	工资总额
1	孙福来	2 000.00	480.00	…	3 270.00
2	王丽英	2 000.00	480.00	…	3 270.00
3	赵慧聪	1 500.00	250.00	…	2 592.50
4	张萌萌	1 400.00	100.00	…	2 353.00
5	李玉良	1 400.00	200.00	…	2 453.00
⋮	⋮	⋮	现金付讫 ⋮	⋮	⋮
合　计		38 600.00	7 318.20	…	¥78 000.00

总经理：孙福来　　财务经理：王丽英　　复核：张萌萌　　制表：李玉良

(20) 2018 年 12 月 18 日，销售给上海机床有限责任公司 A 产品，如表 3-38 和表 3-39 所示。

表 3-38

浙江增值税专用发票

3300184130　　№02080000

（全国统一发票监制章 浙江 国家税务总局监制）

此联不作报销、扣税凭证使用　　开票日期：2018 年 12 月 18 日

税总函[2018]102 号　海南华森实业公司

购买方	名　　称：上海机床有限责任公司 纳税人识别号：310021066023268 地 址 、电 话：上海市河北路 5 号　021-32199684 开户行及账号：工行上海河北路支行　222167788					密码区	（略）	
货物或应税劳务、服务名称	规格型号	单位	数量	单价	金额	税率	税额	
A 产品		台	120	4 800.00	576 000.00	16%	92 160.00	
合计					¥576 000.00		¥92 160.00	
价税合计(大写)	⊗陆拾陆万捌仟壹佰陆拾元整				（小写）¥668 160.00			
销售方	名　　称：万丰有限责任公司 纳税人识别号：330032132100078 地 址 、电 话：滨海市江北路 9 号　0573-2265387 开户行及账号：农行滨海江北支行　666104005					备注	（万丰有限责任公司 330032132100078 发票专用章）	

第一联：记账联　销售方记账凭证

收款人：赵慧聪　　复核：李丽　　开票人：高婉婷　　销售方：（章）

表 3-39

中国农业银行进账单(收账通知)　3

2018 年 12 月 18 日

<table>
<tr><td rowspan="3">出票人</td><td>全　称</td><td colspan="4">上海机床有限责任公司</td><td rowspan="3">收款人</td><td>全　称</td><td colspan="11">万丰有限责任公司</td></tr>
<tr><td>账　号</td><td colspan="4">222167788</td><td>账　号</td><td colspan="11">666104005</td></tr>
<tr><td>开户银行</td><td colspan="4">工行上海河北路支行</td><td>开户银行</td><td colspan="11">农行滨海江北支行</td></tr>
<tr><td rowspan="2">金额</td><td colspan="7" rowspan="2">人民币(大写)陆拾陆万捌仟壹佰陆拾元整</td><td>亿</td><td>千</td><td>百</td><td>十</td><td>万</td><td>千</td><td>百</td><td>十</td><td>元</td><td>角</td><td>分</td></tr>
<tr><td></td><td></td><td>¥</td><td>6</td><td>6</td><td>8</td><td>1</td><td>6</td><td>0</td><td>0</td><td>0</td></tr>
<tr><td>票据种类</td><td>银行汇票</td><td>票据张数</td><td colspan="2">1</td><td colspan="15" rowspan="3">（章：中国农业银行滨海江北支行 2018.12.18 业务专用章）
收款人开户银行盖章</td></tr>
<tr><td>票据号码</td><td colspan="4">1002003420471917</td></tr>
<tr><td colspan="5">复核：　　　　记账：</td></tr>
</table>

此联是收款人开户银行交收款人的收账通知

(21) 2018 年 12 月 18 日,支付 11 月电费,如表 3-40～表 3-42 所示。

表 3-40

中国农业银行(滨海江北支行)借记通知

流水号:22032865　　　　交易日期:2018 年 12 月 18 日

付款单位名称	万丰有限责任公司	凭证编号	56321
付款单位账号	666104005	收款银行	农行滨海江北支行
收款单位名称	待划转一户通批量清算款	起息日	2018 年 12 月 18 日
收款单位账号	900123654893	金额	RMB4 640.00
交易名称	批量入账(日间运行)		
摘要	一户通税、费		

（章：中国农业银行滨海江北支行 2018.12.18 业务专用章）

注:如果日期、流水号、账号、摘要、金额相同,系重复打印。经办柜员 65(批处理日间柜)(银行盖章)。

表 3-41

浙江增值税专用发票

3300184130　　　　（章：全国统一发票监制章 浙江 国家税务总局监制）　　　№02085503

发票联

同意支付　王丽英 2018.12.18　　　　开票日期:2018 年 12 月 18 日

<table>
<tr><td rowspan="4">购买方</td><td colspan="5">名　　　称:万丰有限责任公司</td><td rowspan="4">密码区</td><td colspan="3" rowspan="4">(略)</td></tr>
<tr><td colspan="5">纳税人识别号:330032132100078</td></tr>
<tr><td colspan="5">地 址 、电 话:滨海市江北路 9 号　0573-2265387</td></tr>
<tr><td colspan="5">开户行及账号:农行滨海江北支行　666104005</td></tr>
<tr><td colspan="2">货物或应税劳务、服务名称</td><td>规格型号</td><td>单位</td><td>数量</td><td>单价</td><td>金额</td><td>税率</td><td>税额</td></tr>
<tr><td colspan="2">电力</td><td></td><td>千瓦时</td><td>4 000</td><td>1.00</td><td>4 000.00</td><td>16%</td><td>640.00</td></tr>
<tr><td colspan="2">合计</td><td></td><td></td><td></td><td></td><td>¥4 000.00</td><td></td><td>¥640.00</td></tr>
<tr><td colspan="2">价税合计(大写)</td><td colspan="7">⊗肆仟陆佰肆拾元整　　　　(小写)¥4 640.00</td></tr>
<tr><td rowspan="4">销售方</td><td colspan="5">名　　　称:国网浙江省电力公司滨海供电公司</td><td rowspan="4">备注</td><td colspan="3" rowspan="4">（章：国网浙江省电力公司滨海供电公司 330032132501666 发票专用章）</td></tr>
<tr><td colspan="5">纳税人识别号:330032132501666</td></tr>
<tr><td colspan="5">地 址 、电 话:滨海市江北路 25 号　0573-2290087</td></tr>
<tr><td colspan="5">开户行及账号:农行滨海江北支行　666183305</td></tr>
</table>

收款人:赵敏　　复核:张和　　开票人:刘丽平　　销售方:(章)

税总函[2018]102 号　临海华森实业公司

第三联:发票联　购买方记账凭证

表 3-42

3300184130

浙江增值税专用发票

抵扣联

№02085503

开票日期：2018 年 12 月 18 日

购买方	名　　称：万丰有限责任公司 纳税人识别号：330032132100078 地 址 、电 话：滨海市江北路 9 号　0573-2265387 开户行及账号：农行滨海江北支行　666104005	密码区	（略）			
货物或应税劳务、服务名称	规格型号	单位	数量	单价	金额	税率	税额
电力		千瓦时	4 000	1.00	4 000.00	16%	640.00
合计					￥4 000.00		￥640.00
价税合计（大写）	⊗肆仟陆佰肆拾元整				（小写）￥4 640.00		
销售方	名　　称：国网浙江省电力公司滨海供电公司 纳税人识别号：330032132501666 地 址 、电 话：滨海市江北路 25 号　0573-2290087 开户行及账号：农行滨海江北支行　666183305	备注					

收款人：赵敏　　复核：张和　　开票人：刘丽平　　销售方：（章）

税总函[2018]102 号　临海华森实业公司

第二联：抵扣联　购买方扣税凭证

(22) 2018 年 12 月 22 日，销售 B 产品，如表 3-43 所示，部分货款已预收。

表 3-43

3300184130

浙江增值税专用发票

此联不作报销、扣税凭证使用

№02080001

开票日期：2018 年 12 月 22 日

购买方	名　　称：正大有限公司 纳税人识别号：330032132166078 地 址 、电 话：滨海市城南路 5 号　0573-2264333 开户行及账号：建行滨海城南支行　325699971	密码区	（略）			
货物或应税劳务、服务名称	规格型号	单位	数量	单价	金额	税率	税额
B 产品		台	70	2 000.00	140 000.00	16%	22 400.00
合计					￥140 000.00		￥22 400.00
价税合计（大写）	⊗壹拾陆万贰仟肆佰元整				（小写）￥162 400.00		
销售方	名　　称：万丰有限责任公司 纳税人识别号：330032132100078 地 址 、电 话：滨海市江北路 9 号　0573-2265387 开户行及账号：农行滨海江北支行　666104005	备注					

收款人：赵慧聪　　复核：李丽　　开票人：高婉婷　　销售方：（章）

税总函[2018]102 号　临海华森实业公司

第一联：记账联　销售方记账凭证

(23) 2018 年 12 月 24 日，销售 A 产品，如表 3-44 所示。

表 3-44

浙江增值税专用发票

3300184130　　　　No02080002

此联不作报销、扣税凭证使用　　开票日期：2018 年 12 月 24 日

税总函[2018]102 号　临海华森实业公司

购买方	名　　称：昌胜有限责任公司 纳税人识别号：320021066023268 地 址 、电 话：南京市中山路 5 号　022-32199634 开户行及账号：工行南京中山支行　228867788					密码区	（略）	
货物或应税劳务、服务名称	规格型号	单位	数量	单价	金额	税率	税额	
A 产品		台	50	5 160.00	258 000.00	16%	41 280.00	
合计					￥258 000.00		￥41 280.00	
价税合计（大写）	⊗贰拾玖万玖仟贰佰捌拾元整　（小写）￥299 280.00							
销售方	名　　称：万丰有限责任公司 纳税人识别号：330032132100078 地 址 、电 话：滨海市江北路 9 号　0573-2265387 开户行及账号：农行滨海江北支行　666104005					备注	万丰有限责任公司 330032132100078 发票专用章	

收款人：赵慧聪　　复核：李丽　　开票人：高婉婷　　销售方：（章）

第一联：记账联　销售方记账凭证

(24) 2018 年 12 月 26 日，收到江南机电有限公司归还前欠货款，如表 3-45 所示。

表 3-45

中国农业银行进账单（收账通知）　3

2018 年 12 月 26 日

出票人	全　称	江南机电有限公司	收款人	全　称	万丰有限责任公司
	账　号	325648971		账　号	666104005
	开户银行	建行江南城南支行		开户银行	农行滨海江北支行
金额	人民币（大写）贰拾万元整			亿 千 百 十 万 千 百 十 元 角 分	￥ 2 0 0 0 0 0 0 0
票据种类	银行汇票	票据张数	1		
票据号码	1002003420488817				
复核：　记账：				中国农业银行滨海江北支行 2018.12.26 业务专用章 收款人开户银行盖章	

此联是收款人开户银行交收款人的收账通知

(25) 2018 年 12 月 26 日，收到长江有限责任公司的合同违约罚款，如表 3-46 和表 3-47 所示。

表 3-46

浙江省统一收款收据

涉税举报电话

12366

本发票限于 2018 年 12 月 31 日前填开使用有效　　　　收据代码:2440899654

开票日期:2018 年 12 月 26 日　　　　收据号码:00951887

浙江省地方税务局 记账联

缴款单位或个人		长江有限责任公司				
款项内容		合同违约款		收款方式	银行汇票	
人民币（大写）	捌万肆仟捌佰元整　（小写）￥84 800.00					
收款单位盖章	万丰有限责任公司财务专用章	收款人盖章	赵慧聪	备注	本收据不得用于经营款项收入	

浙地税印8404×209.6×250×25×3

江汉市财税劳动服务公司承印

表 3-47

中国农业银行进账单(收账通知)　　3

2018 年 12 月 26 日

出票人	全　称	长江有限责任公司	收款人	全　称	万丰有限责任公司
	账　号	325998900		账　号	666104005
	开户银行	建行东海城北支行		开户银行	农行滨海江北支行

金额	人民币(大写)捌万肆仟捌佰元整	亿	千	百	十	万	千	百	十	元	角	分
					￥	8	4	8	0	0	0	0

票据种类	银行汇票	票据张数	1	
票据号码	1002003420488654			中国农业银行滨海江北支行 2018.12.26 业务专用章
复核：	记账：			收款人开户银行盖章

此联是收款人开户银行交收款人的收账通知

(26) 2018 年 12 月 27 日，对外捐款，如表 3-48 和表 3-49 所示。

表 3-48

财政票据监制章 浙江

公益事业捐赠统一票据(141)

UNIFIFD INVOICE OF DONATION FOR PUBLIC WELFARE

捐赠人:万丰有限责任公司 2018 年 12 月 27 日 №1400235644

Donor Y M D

捐赠项目 For purpose	实物(外币)种类 Materiaf Objects(Currency)	数 量 Amount	金 额 Total amount
00800414 捐赠收入	元	1	5 000.00
390701 市慈善总会(本级)			
金额合计(小写)In Figures	5 000.00		
金额合计(大写)In Words	伍仟元整		

第二联:收据

滨海市慈善总会财务专用章

接收单位(盖章) 复核人: 开票人:赵 林

Receiver's Seal Verified by Handling Person

感谢您对公益事业的支持! Thank you for support of public welfare!

注:本票据在 2019 年 12 月前填开使用方为有效 同意支付 王丽英 2018.12.27。

表 3-49(正面)

转账支票存根

中国农业银行

转账支票存根

10303320

00065490

附加信息

出票日期:2018 年 12 月 27 日

收款人:滨海市慈善总会
金 额:¥5 000.00
用 途:捐赠

单位主管: 会计:

(27) 2018 年 12 月 27 日,销售丙材料,如表 3-50 和表 3-51 所示。

表 3-49(背面)

根据《中华人民共和国票据法》等法律、法规的规定，签发空头支票由中国人民银行处以票面金额 5%但不低于 1 000 元的罚款。

表 3-50

浙江增值税专用发票

3300184130　　　　No02080003

此联不作报销、扣税凭证使用　　开票日期：2018 年 12 月 27 日

购买方	名　　称：振兴有限责任公司 纳税人识别号：330032132100668 地 址、电 话：滨海市江北路 19 号　0573-2267387 开户行及账号：农行滨海江北支行　666102205					密码区	（略）	
货物或应税劳务、服务名称	规格型号	单位	数量	单价	金额	税率	税额	
丙材料		千克	200	80.00	16 000.00	16%	2 560.00	
合计					￥16 000.00		￥2 560.00	
价税合计（大写）	⊗壹万捌仟伍佰陆拾元整				（小写）￥18 560.00			
销售方	名　　称：万丰有限责任公司 纳税人识别号：330032132100078 地 址、电 话：滨海市江北路 9 号　0573-2265387 开户行及账号：农行滨海江北支行　666104005					备注	万丰有限责任公司 330032132100078 发票专用章	

收款人：赵慧聪　　复核：李丽　　开票人：高婉婷　　销售方：（章）

第一联：记账联　销售方记账凭证

税总函[2018]102 号　海南华森实业公司

表 3-51

中国农业银行进账单（收账通知）　3

2018 年 12 月 27 日

出票人	全　称	振兴有限责任公司	收款人	全　称	万丰有限责任公司
	账　号	666102205		账　号	666104005
	开户银行	农行滨海江北支行		开户银行	农行滨海江北支行

金额	人民币（大写）壹万捌仟伍佰陆拾元整	亿	千	百	十	万	千	百	十	元	角	分
					￥	1	8	5	6	0	0	0

票据种类	转账支票	票据张数	1	中国农业银行滨海江北支行 2018.12.27 业务专用章 收款人开户银行签章
票据号码	1020332001095489			
复核：	记账：			

此联是收款人开户银行交收款人的收账通知

(28) 2018 年 12 月 28 日，办公室张丽出差借款，如表 3-52 所示。

表 3-52

借 款 借 据（一）

借款日期：2018 年 12 月 28 日

借款部门	办公室	借款理由	出差
借款金额（大写）肆仟元整			￥4 000.00
部门领导意见： 同意借支，返回报销。 李永民 2018.12.28		借款人签章： 张丽 2018.12.28	
备注：			

现金付讫

借款记账联

(29) 2018 年 12 月 31 日，分配材料。根据领料单编制的发料汇总表，如表 3-53～表 3-58 所示。

表 3-53

发料汇总表

2018 年 12 月 31 日

项目 用途	甲材料		乙材料		合计
	数量/千克	金额/元	数量/件	金额/元	金额/元
生产 A 产品	1 800	360 000.00	1 500	151 500.00	511 500.00
生产 B 产品	3 600	720 000.00	200	20 200.00	740 200.00
车间一般耗用	50	10 000.00	30	3 030.00	13 030.00
厂部一般耗用	50	10 000.00			10 000.00
合计	5 500	1 100 000.00	1 730	174 730.00	1 274 730.00

复核：张萌萌　　　　制表：高乐

表 3-54

领 料 单

字第 07812 号

领料部门：生产车间　　　　2018 年 2 月 2 日

品 名	规格型号	单 位	数 量		单 价	金 额
			请 领	实 领		
甲材料		千克	1 800	1 800		
备 注	生产 A 产品用					

领料部门负责人：　　领料人：张丽娟　　会计：　　发料人：李大海

表 3-55

领　料　单

字第 07813 号

领料部门:生产车间

2018 年 2 月 2 日

品　名	规格型号	单　位	数　量		单　价	金　额
			请　领	实　领		
甲材料		千克	3 600	3 600		
乙材料		件	200	200		
备　注	生产 B 产品用					

领料部门负责人:　　领料人:王娟　　会计:　　发料人:李大海

表 3-56

领　料　单

字第 07814 号

领料部门:厂部

2018 年 2 月 16 日

品　名	规格型号	单　位	数　量		单　价	金　额
			请　领	实　领		
甲材料		千克	50	50		
备 注	一般耗用					

领料部门负责人:　　领料人:王洪　　会计:　　发料人:李大海

表 3-57

领　料　单

字第 07815 号

领料部门:生产车间

2018 年 2 月 22 日

品　名	规格型号	单　位	数　量		单　价	金　额
			请　领	实　领		
乙材料		件	1 500	1 500		
备　注	生产 A 产品用					

领料部门负责人:　　领料人:张丽娟　　会计:　　发料人:李大海

表 3-58

领　料　单

字第 07816 号

领料部门:生产车间

2018 年 2 月 26 日

品　名	规格型号	单　位	数　量		单　价	金　额
			请　领	实　领		
甲材料		千克	50	50		
乙材料		件	30	30		
备　注	一般耗用					

领料部门负责人:　　领料人:王英　　会计:　　发料人:李大海

(30) 2018 年 12 月 31 日，分配本月工资，如表 3-59 所示。

表 3-59

工资分配表

2018 年 12 月 31 日　　单位：元

用　　途	金　　额	备　　注
生产 A 产品工人	24 000.00	
生产 B 产品工人	38 000.00	
车间管理人员	6 300.00	
厂部管理人员	14 700.00	
合计	83 000.00	

复核：张萌萌　　制表：高乐

(31) 2018 年 12 月 31 日，计提本月固定资产折旧，如表 3-60 所示。

表 3-60

固定资产折旧计算表

2018 年 12 月 31 日　　单位：元

使用部门		原值	月折旧率/%	折旧额
生产车间	房屋	200 000.00	0.5	1 000.00
	设备	650 000.00	2	13 000.00
	合计			14 000.00
管理部门	房屋	400 000.00	0.5	2 000.00
	设备	250 000.00	2	5 000.00
	合计			7 000.00
合计		1 500 000.00		21 000.00

复核：张萌萌　　制表：高乐

(32) 2018 年 12 月 31 日，办公室报销办公用品费，如表 3-61 和表 3-62 所示。

表 3-61

浙江增值税专用发票

3300184130

№02080003

同意支付　王丽英 2018.12.31

发　票　联

开票日期：2018 年 12 月 28 日

购买方	名称：万丰有限责任公司 纳税人识别号：330032132100078 地址、电话：滨海市江北路 9 号 0573-2265387 开户行及账号：农行滨海江北支行 666104005				密码区	（略）		
货物或应税劳务、服务名称		规格型号	单位	数量	单价	金额	税率	税额
办公用品			批	1	580.00	580.00	16%	92.80
合计						￥580.00		￥92.80
价税合计（大写）		⊗陆佰柒拾贰元捌角整				（小写）￥672.80		
销售方	名称：丽晶文体用品有限公司 纳税人识别号：33003213250107× 地址、电话：滨海市江北路 234 号 0573-2260087 开户行及账号：农行滨海江北支行 666188805				备注	丽晶文体用品有限公司 33003213250107× 发票专用章		

现金付讫

收款人：赵丽敏　　复核：张和源　　开票人：刘丽丽　　销售方：（章）

注：购买的办公用品直接交付使用。附办公用品清单一份略。

税总函[2018]102 号　临海华森实业公司

第三联：发票联　购买方记账凭证

表 3-62

浙江增值税专用发票

3300184130

№02080003

抵　扣　联

开票日期：2018 年 12 月 28 日

购买方	名称：万丰有限责任公司 纳税人识别号：330032132100078 地址、电话：滨海市江北路 9 号 0573-2265387 开户行及账号：农行滨海江北支行 666104005				密码区	（略）		
货物或应税劳务、服务名称		规格型号	单位	数量	单价	金额	税率	税额
办公用品			批	1	580.00	580.00	16%	92.80
合计						￥580.00		￥92.80
价税合计（大写）		⊗陆佰柒拾贰元捌角整				（小写）￥672.80		
销售方	名称：丽晶文体用品有限公司 纳税人识别号：33003213250107× 地址、电话：滨海市江北路 234 号 0573-2260087 开户行及账号：农行滨海江北支行 666188805				备注	丽晶文体用品有限公司 33003213250107× 发票专用章		

收款人：赵丽敏　　复核：张和源　　开票人：刘丽丽　　销售方：（章）

税总函[2018]102 号　临海华森实业公司

第二联：抵扣联　购买方扣税凭证

(33) 2018 年 12 月 31 日，分配本月的电费，如表 3-63 所示。

表 3-63

电费分配表

2018 年 12 月 31 日　　单位：元

用电部门	度数	单价	金额	备注
车间用电	3 200	1.00	3 200.00	
厂部用电	600	1.00	600.00	
合 计	3 800		3 800.00	

复核：张萌萌　　制表：高乐

(34) 2018 年 12 月 31 日，将本月的制造费用总额按产品的生产工时进行分配，如表 3-64所示。

表 3-64

制造费用分配表

2018 年 12 月 31 日　　单位：元

品种	分配标准(生产工时)	分配率	分配金额
A 产品	5 800		
B 产品	8 812		
合计	14 612		

复核：张萌萌　　制表：高乐

(35) 2018 年 12 月 31 日，本月投产的 A 产品 275 台全部完工，验收入库，如表 3-65 和表 3-66 所示。B 产品全部未完工。

表 3-65

产品成本计算单

产品名称：A 产品　　2018 年 12 月 31 日　　产量：275 台

项 目	本月生产费用合计/元	完工产品成本/元	单位成本/(元/台)
直接材料			
直接人工			
制造费用			
合 计			

复核：张萌萌　　制表：高乐

表 3-66

产成品交库单

第 20352 号

交库部门：生产车间　　2018 年 12 月 31 日　　产成品库：一号库

类别	编号	名称及规格	计量单位	实收数量	单位成本/元	总成本/元
	201	A 产品	台	275		

财务记账联

检验：　　保管：王明

（36）2018 年 12 月 31 日，结转本月已销售的 A 产品和 B 产品的销售成本，如表 3-67～表 3-72 所示。

表 3-67

产品销售成本计算表

2018 年 12 月 31 日　　单位：元

产品名称	期初结存			本期完工入库			本期销售		
	数量	单位成本	总成本	数量	单位成本	总成本	数量	单位成本	总成本
A 产品									
B 产品									
合计									

主管：　　复核：张萌萌　　制表：高乐

表 3-68

万丰有限责任公司出库单

购货单位：海通商贸有限责任公司　　2018 年 12 月 3 日　　第 10367 号

名称及规格	单位	数量	单价	金额	发票号
A 产品	台	12			02079998
合计		12			
备注		结算方式	转账支票	运输方式	自提

③财务记账联

主管：　　发货：　　制单：王明

表 3-69

万丰有限责任公司出库单

购货单位：江南机电有限公司　　2018 年 12 月 9 日　　第 10368 号

名称及规格	单位	数量	单价	金额	发票号
A 产品	台	50			02079999
合计		50			
备注		结算方式		运输方式	自提

③财务记账联

主管：　　发货：　　制单：王明

表 3-70

万丰有限责任公司出库单

购货单位：上海机床有限责任公司　　2018 年 12 月 18 日　　第 10369 号

名称及规格	单位	数量	单价	金额	发票号
A 产品	台	120			02080000
合计		120			
备注		结算方式	银行汇票	运输方式	自提

③财务记账联

主管：　　发货：　　制单：王明

表 3-71

万丰有限责任公司出库单

购货单位：正大有限公司　　2018 年 12 月 22 日　　第 10370 号

名称及规格	单位	数量	单价	金额	发票号
B 产品	台	70			02080001
合计		70			
备注		结算方式		运输方式	自提

③财务记账联

主管：　　发货：　　制单：王明

表 3-72

万丰有限责任公司出库单

购货单位：昌盛有限责任公司　　2018 年 12 月 24 日　　第 10371 号

名称及规格	单位	数量	单价	金额	发票号
A 产品	台	50			02080002
合计		50			
备注		结算方式		运输方式	自提

③财务记账联

主管：　　发货：　　制单：王明

(37) 2018 年 12 月 31 日，结转本月已销售的丙材料成本，如表 3-73 所示。

表 3-73

万丰有限责任公司出库单

购货单位：振兴有限责任公司　　2018 年 12 月 27 日　　第 16372 号

名称及规格	单位	数量	单价	金额	发票号
丙材料	千克	200	100.00	20 000.00	02080003
合计		200		￥20 000.00	
备注		结算方式	转账支票	运输方式	自提

③财务记账联

主管：　　发货：　　制单：王明

(38) 2018 年 12 月 31 日，将“应交税费——应交增值税”账户余额转入“应交税费——未交增值税”账户。

(39) 2018 年 12 月 31 日，计算本月应交的城市维护建设税和教育费附加，如表 3-74 所示。

表 3-74

应交城市维护建设税和教育费附加计算表

2018 年 12 月 31 日

计算基数		城市维护建设税		教育费附加	
增值税	消费税	税率	金额/元	提取率	金额/元
1	2	3	4=(1+2)×3	5	6=(1+2)×5
合　　计					

财务主管：　　复核：张萌萌　　制表：高乐

(40) 2018 年 12 月 31 日，计提本月银行借款利息，如表 3-75 所示。

表 3-75

银行借款利息计算表

2018 年 12 月 31 日

金额/元	月利率/%	本月应提利息/元	备　注
200 000.00	0.45	900.00	短期借款
480 000.00	0.52	2 496.00	长期借款
500 000.00	0.5	1 250.00	短期借款(半个月利息)
合计		¥4 646.00	注:长期借款分期付息

会计主管：王丽英　　复核：张萌萌　　制表:高乐

(41) 2018 年 12 月 31 日，本期损益类账户结转“本年利润”前的账户余额表如表 3-76 所示，将本期损益类账户的余额结转“本年利润”。

表 3-76

损益类账户结转本年利润前的账户余额表

年　月　日　　单位:元

账户名称	借方余额	贷方余额
主营业务收入		
其他业务收入		
营业外收入		
主营业务成本		
营业税金及附加		
其他业务成本		
销售费用		
管理费用		
财务费用		
营业外支出		
合　计		

财务主管：　　复核：　　制表：

(42) 2018 年 12 月 31 日，假设不考虑纳税调整项，应纳税所得额等于利润总额，计算本月应交企业所得税，如表 3-77 所示。

表 3-77

企业所得税计算表

年　月　日　　单位:元

应纳税所得额	所得税税率	应纳企业所得税

财务主管：　　复核：　　制表：

（43）2018年12月31日，将“所得税费用”账户的余额转入“本年利润”账户。

（44）2018年12月31日，经董事会决议，决定按全年净利润的10%提取法定盈余公积金，如表3-78所示。

表3-78 利润分配计算表

年 月 日 单位：元

净利润	提取比例	提取法定盈余公积金额

财务主管： 复核： 制表：

（45）2018年12月31日，经董事会及股东大会决议，决定按税后利润的60%向投资者的分配现金股利，如表3-79所示。

表3-79 利润分配计算表

年 月 日 单位：元

投资者	分配基数	分配比例/%	分配金额
东方集团		66.67	
南方集团		33.33	
合 计			

财务主管： 复核： 制表：

（46）2018年12月31日，将“本年利润”账户的余额转入“利润分配——未分配利润”明细账户。

（47）2018年12月31日，将“利润分配”其他明细账户的余额转入“利润分配——未分配利润”明细账户。

实训二 记账凭证账务处理程序实训

一、实训目的

通过实训，使同学们理解并掌握记账凭证账务处理程序的特点，熟练掌握企业采用记账凭证账务处理程序下建账、登账和编制会计报表的账务处理流程，亲自动手操作完成从审核原始凭证到编制会计报表的一个完整的会计循环，提高同学们的动手操作能力，并且比较科目汇总表账务处理程序和记账凭证账务处理的区别和优缺点。

二、实训要求

采用记账凭证账务处理程序进行账务处理。

三、实训准备

总分类账1本(或者使用实训一余下的总分类账账页。这时一定要给学生说明实际工作中是不能这样用的,只能采用其中的一种账务处理程序,在此这样做的目的是让学生将两种账务处理程序作对比,同时节约成本)、科目汇总表账务处理程序用过的所有资料。

四、实训步骤

记账凭证账务处理程序和科目汇总表账务处理程序的操作步骤相比:(1)～(4)、(7)、(10)、(13)～(17)这些步骤相同,不用再做,脑子里过一下就行了。(5)、(8)、(11)去掉。(6)、(9)、(12)需要重新做,如果时间允许,可登记全部总分类账;如果时间不允许,选择其中几个账户登记即可。

五、实训资料

见实训一的科目汇总表账务处理程序资料。

参考文献

[1] 秦玉霞,李秀云.基础会计模拟实训教程[M].北京:科学出版社,2009.

[2] 任延冬,禹阿平.新编基础会计实训[M].大连:大连理工大学出版社,2010.

[3] 张洪波.会计基础模拟实训[M].北京:中国财政经济出版社,2014.

[4] 李泽岚.基础会计全真实训[M].2版.北京:清华大学出版社,2015.

[5] 王家清,京依林.会计初步与实训[M].天津:天津大学出版社,2009.

[6] 王美玲,刘文婧.基础会计模拟实训[M].北京:冶金工业出版社,2008.

[7] 李平.基础会计模拟实训[M].北京:冶金工业出版社,2011.

[8] 葛军,李文杰.会计学原理实训[M].北京:高等教育出版社,2011.

[9] 施海丽.会计综合模拟实训[M].北京:高等教育出版社,2014.

[10] 褚颖,金合琴.基础会计模拟实训[M].南京:南京大学出版社,2012.

[11] 满莉,黄雅平.基础会计模拟实训[M].北京:化学工业出版社,2014.

[12] 陆红霞.基础会计岗位模拟实训[M].西安:西北工业大学出版社,2014.

[13] 周美容,盛耀旗.基础会计综合模拟实训[M].北京:对外经济贸易大学出版社,2014.

